CRÉEZ VOS SACS

CLAIRE CROMPTON

CRÉEZ VOS
SACS

 **Broquet**

97-B, montée des Bouleaux, Saint-Constant, Qc, Canada, J5A 1A9
www.broquet.qc.ca info@broquet.qc.ca
Tél. : 450 638-3338 Téléc. : 450 638-4338

Catalogage avant publication de Bibliothèque et Archives nationales
du Québec et Bibliothèque et Archives Canada

Crompton, Claire

Tricot : créez vos sacs

(Inspiration artistique)
Traduction de : Knitted bags.
Comprend un index.

ISBN 978-2-89654-044-0

1. Sacs. 2. Sacs à main. 3. Tricot - Modèles. I. Titre. II. Collection.

TT825.C7614 2009   746.43'2043   C2008-941826-3

POUR L'AIDE À LA RÉALISATION DE SON PROGRAMME ÉDITORIAL, L'ÉDITEUR REMERCIE :
Le gouvernement du Canada par l'entremise du Programme d'aide
au développement de l'industrie de l'édition (PADIÉ) ; la Société de
développement des entreprises culturelles (SODEC) ; l'Association
pour l'exportation du livre canadien (AELC).
Le gouvernement du Québec – Programme de crédit d'impôt pour
l'édition de livres – Gestion SODEC.

Version original : *Knitted bags*

Copyright © David & Charles Limitée 2007
Première publication en 2007 par David & Charles
Brunel House Newton Abbot Devon
TQ12 4PU
Claire Crompton est l'auteure de son travail en accordance
avec Copyright, Designs and Patents Act 1988.

Traduction : Cécile Lévesque
Révision : Audrey Lévesque, Anne-Marie Benoit
Infographie : Nancy Lépine

Pour l'édition en langue française :
Copyright © Ottawa 2009 Broquet inc.
Dépôt légal – Bibliothèque et archives nationales du Québec
1er trimestre 2009

Imprimé en Chine

ISBN 978-2-89654-044-0

Table des matières

L'affaire est dans le sac !

Les sacs sont le dernier cri en matière d'accessoires tricotés. Élégants, chic, amusants ou mignons, vous ne pouvez jamais en avoir trop. Ils sont polyvalents, pratiques et vraiment amusants à tricoter. Même si tout ce que vous désirez est un petit article à la mode pour transporter vos clés ou vos cartes de crédit, ou si vous avez tendance à transporter toutes vos choses avec vous, vous trouverez ici un projet qui vous inspirera.

Les sacs tricotés vous donnent une satisfaction presque instantanée. Ils ne prennent pas de temps à faire, ils ne prennent pas beaucoup de fil et ils sont une excellente façon d'expérimenter de nouvelles techniques ou de nouvelles matières. Ils sont toujours utiles et font de merveilleux cadeaux. Tricotez un petit sac pour compléter un parfait ensemble : un plus spacieux pour faire les emplettes, un frivole pour les journées de loisir ou un chatoyant pour les soirées chic. Faites-en un pour le travail, un pour les fins de semaine et un pour les vacances. Jouez avec les tissus et les textures, tricotez un sac en confortable tweed pour l'hiver et un en coton pour les chauds étés.

Le premier projet de ce livre est un sac à main très facile à tricoter présenté dans une gamme variée de fils pour démontrer combien les modèles peuvent être polyvalents. D'autres projets incluent de petits sacs sophistiqués pour un style urbain, des sacs frivoles à volants, décontractés, extravagants, ainsi que des plus robustes et adaptables à toutes occasions. Chaque projet contient une section « Accent sur le fil » qui explique pourquoi un fil a été choisi en particulier. Vous pourrez aussi apprendre des secrets de confection où des suggestions sur des fils et des couleurs alternatives seront fournies pour donner au projet une allure différente. Prenez ces idées et utilisez-les comme point de départ pour votre inspiration afin d'obtenir quelque chose d'unique.

La première partie du livre fait le point sur la variété et la qualité des fils utilisés. Nous y discuterons de fibres (page 9), de poids (page 10), de couleur (page 11), et de texture (page 12). Nous y donnerons des conseils pour le choix des fils. La jauge (aussi appelée la tension) est une partie très importante du tricot, et le processus de mesure de la jauge est clairement décrit à la page 15. Il y a aussi des conseils sur la façon de mesurer les fils texturés. Les instructions écrites sur le tricot peuvent quelquefois sembler complexes, mais la section sur la façon de lire les modèles aux pages 16-17 explique la terminologie commune au domaine du tricot et les abréviations utilisées.

Toutes les techniques utilisées dans ce livre sont expliquées en détail à la section finale du livre (pages 100-123). Pour vous aider, il y a des schémas très clairs et de gros plans des projets tout au long du livre, en espérant que cela vous encouragera à aborder de nouvelles techniques plus avancées, comme les torsades, l'intarsia, le *Fair-Isle* ou les carrés. Le sac est un projet parfait pour essayer de nouvelles techniques, car il est de courte durée et vous donne rapidement de beaux résultats. Si vous désirez un guide plus détaillé traitant des techniques du tricot, mon livre précédent, *The Knitter's Bible*, contient toutes les informations nécessaires.

Quand vous êtes dévouée à faire quelque chose de beau, et que vous y avez passé beaucoup de temps. la finition du projet mérite d'être faite avec le même soin. Les pages 114 à 117 couvrent les techniques de doublure et d'ajout de fermetures à glissière pour donner à vos sacs une finition d'allure professionnelle. Nous vous expliquons comment changer les poignées d'un sac pour créer un style différent et nous discutons aussi de l'utilisation de poignées toutes faites.

Si le tricot ne suffit pas à satisfaire l'artiste en vous, une section porte sur les points de broderie, qui donneront une touche personnelle à vos sacs (page 120). Si vous désirez expérimenter le tricot avec du tissu, quelques-uns des projets de ce livre sauront vous satisfaire. La technique est expliquée à la page 111.

En conclusion, peu importe le type de tricoteuse que vous êtes, n'oubliez pas que tout le monde fait des erreurs. Les pages 122-123 vous expliqueront comment corriger les petites erreurs rapidement pour sauver votre projet du désastre.

Et maintenant, à vos aiguilles ! Trouvez du fil et faites quelque chose de magnifique aujourd'hui même...

Au tout début…

Fibres

Les sacs tricotés sont un moyen amusant et peu coûteux d'explorer la grande variété de fils disponibles aujourd'hui. Vous n'avez besoin que d'une modeste quantité de fil pour faire un petit sac ; vous pouvez donc acheter quelques-uns des fils les plus luxueux, ceux qui seraient trop coûteux pour faire un vêtement complet. Faire un plus grand sac vous donnera la chance de profiter encore plus des textures flamboyantes et des mélanges de fibres.

LES FIBRES NATURELLES

Les fibres naturelles proviennent d'une source animale ou végétale. Elles peuvent être plus coûteuses que les fibres synthétiques, mais elles sont fantastiques à tricoter. Elles restent très belles même si le sac est utilisé quotidiennement et elles résistent à l'usure.

Le fil d'alpaga est filé à partir du manteau de l'alpaga, un proche parent du lama. C'est un fil merveilleusement doux et lustré qui possède plusieurs des qualités du cachemire, mais à un prix plus abordable.

Le fil d'angora est fabriqué à partir du poil du lapin angora. Un fil avec un contenu élevé de poil d'angora est duveteux et a tendance à s'effilocher. L'angora est habituellement utilisé avec une autre fibre pour lui donner de la stabilité ; cela donne de la douceur au fil.

Le cachemire est une fibre animale, provenant de la laine longue et soyeuse de la chèvre de la province du Cachemire. Le fil de cachemire pur est très coûteux ; il devient beaucoup plus abordable lorsqu'il est mélangé avec une autre fibre. J'ai utilisé un mélange de cachemire et de laine pour le sac *Improvisé* (pages 32-35), ce qui lui donne un style luxueux.

Le coton provient des cotonniers. C'est une fibre très lourde, donc elle est toujours mélangée avec une autre fibre, comme la soie ou la laine. Le coton n'a pas d'élasticité et les articles tricotés avec cette fibre ont tendance à devenir trop amples, c'est pourquoi c'est une excellente idée de revêtir l'intérieur avec du coton (pages 114-116). Par contre, c'est un excellent fil pour les sacs d'été occasionnels. Le coton peut être mercerisé ; ce processus lui donne du lustre et la teinture devient plus brillante. Le coton mat a tendance à être plus relâché et est plus doux. J'ai utilisé des couleurs vibrantes de coton mat pour les sacs *Fleurs Fantastiques* (pages 78-81), tandis que les sacs à main *Fabuleux* Fair Isle (pages 94-99) sont faits d'un mélange de coton mat et de coton mercerisé.

Le lin provient de la tige de la plante et est toujours mélangé avec le coton pour l'adoucir. En soi, le lin drape mieux que le coton. Il est disponible dans de superbes couleurs et nuances naturelles.

Le mohair est une laine fabriquée à partir de la toison de la chèvre angora. Le mohair provenant de la première ou de la deuxième tonte des bébés chèvres est le plus doux, beaucoup plus doux que le mohair venant de la chèvre adulte. Le mohair est habituellement mélangé avec une autre fibre pour lui donner de la résistance. Je ne le recommande pas seul pour les sacs, il est trop velu et perdra de la fibre sur vos vêtements. De plus, la fibre est trop peu structurée et ne prendra aucune forme. Par contre, le mohair mélangé avec une autre fibre est beaucoup plus stable. Les sacs *Rapiécés* (pages 28-31) sont faits d'un mélange de mohair et de laine couleur framboise qui offrent un superbe contraste aux fils crépus et secs. Essayez d'utiliser le mohair combiné à d'autres de fils pour ajouter de la texture et une touche de couleur.

La soie est une fibre textile d'origine animale. Elle est issue du cocon produit par la chenille du ver à soie. Le cocon se déroule et la fibre recueillie forme le fil. La soie est lustrée, douce et donne une sensation de légèreté. J'ai utilisé la soie pour plusieurs sacs, incluant les sacs à main *Mains libres* (pages 54-55). Il adoucit le style du sac et donne un éclat subtil au rose.

La laine provient de la toison des moutons. La race du mouton produit différentes qualités de laine. La laine mérinos est très douce ; la laine shetland est plus résistante ; la laine wensleydale est très lustrée et la laine de Jacob donne de fantastiques couleurs naturelles. J'adore utiliser la laine. Plusieurs des projets du présent livre sont faits de laine et je la recommande toujours aux débutantes. La laine se tricote bien et peut être recyclée sans perdre sa qualité.

LES FIBRES MÉLANGÉES

Les mélanges de fils contenant des fibres naturelles et synthétiques combinent à merveille la qualité naturelle du fil avec la robustesse et la stabilité des fibres synthétiques. Certaines fibres synthétiques utilisées dans les projets sont l'acrylique, le métallique, la micro-fibre, le nylon, la fibre polyamide, le polyester et la viscose. Les fibres synthétiques sont filées en fils de fantaisie, comme le fil fourrure, le fil ruban et la simili-fourrure. Le sac *Reine des neiges* (pages 72-74) combine un fil fourrure et un fil flammé mousseux avec un coton plus lisse pour faire un contraste. Ces fils sont faciles à teindre et ajoutent de la couleur au mélange de fils.

Poids

Très fin

Fin

Léger

Moyen

Épais

Très épais

Le poids du fil fait référence à son épaisseur ; un fil léger est mince et tricoté dans un tissu doux et délicat. Un fil moyen est plus épais et tricoté dans un tissu plus gros. Tout au long du livre, je vous encourage à expérimenter de nouveaux fils et à découvrir comment un tissu peut changer seulement en alternant l'épaisseur du fil utilisé. Le sac à dos et le sac à bandoulière (pages 36-41) sont tous les deux tricotés avec la même jauge (voir page 15 pour une explication de la jauge). Le sac à dos est doux et tricoté avec un fil moyen, tandis que le sac à bandoulière est plus structuré et dense, et est tricoté avec un mélange de fils très volumineux.

RETORS OU ÉPAISSEUR

Les fils sont souvent décrits par un nombre de retors. Par exemple, 2 retors, 4 retors ou 6 retors. Un retors est un fil simple tordu. Règle générale, plus il y a de retors tordus ensemble, plus le fil est épais. Cependant, pour porter à confusion, les retors peuvent eux-mêmes avoir une épaisseur différente. Un retors fermement filé sera plus mince qu'un autre filé de façon plus relâchée. Par exemple, un fil de laine shetland 2 retors est tricoté jauge légère, tandis que l'épaisse laine lopi (un type de laine provenant d'Islande) est un retors simple.

Pour éviter la confusion, j'ai adopté une norme standard développée par *Craft Yarn Coucil of America*, qui divise les retors par poids plutôt qu'en nombre de retors. Dans tout le livre, je donne une description générale de chaque fil utilisé, en spécifiant le poids et le type de fil que j'ai utilisé pour chaque projet. Cela veut dire que vous pouvez utiliser n'importe quel fil avec le même poids pour tricoter votre projet. Cela est très utile si le fil utilisé est discontinué, comme cela arrive fréquemment, car les fabricants de fils mettent très souvent à jour leur gamme de produits. (Si vous désirez utiliser exactement le même fil que celui utilisé dans le projet, voir les pages 124-125 pour les détails.)

Les manufacturiers américains et anglais utilisent quelquefois des noms différents pour identifier le même poids de fil. Là où ils diffèrent, j'ai inclus les deux dans le tableau suivant. Tout au long de ce livre, j'ai donné le poids américain d'abord, avec l'équivalent du Royaume-Uni. ensuite, entre parenthèses.

POIDS STANDARD DES FILS

Poids	jauge*	taille des aiguilles**	type de fils***
Très fin	27-32 m.	1 à 3 (2,25-3,25 mm)	chaussette, fil à tricoter (2 brins, 3 brins)
Fin	23-26 m.	3 à 5 (3,25-3,75 mm)	sport, bébé (4 brins)
Léger	21-24 m.	5 à 7 (3,75-4,5 mm)	laine peignée, DK
Moyen	16-20 m.	7 à 9 (4,5-5,5 mm)	peigné, couverture en tricot (irlandais)
Épais	12-15 m.	9 à 11 (5,5- 8 mm)	gros
Très épais	6-11 m.	11 (8 mm) et moins	très gros

Notes : * La jauge (tension) est mesurée sur 4 po (10 cm) en point jersey
        ** La taille des aiguilles américaines est donnée en premier, avec l'équivalent du R.-U. entre parenthèses.
        *** Les noms des types de fil alternatifs américains vous sont donnés en premier, avec les équivalents du Royaume-Uni entre parenthèses.

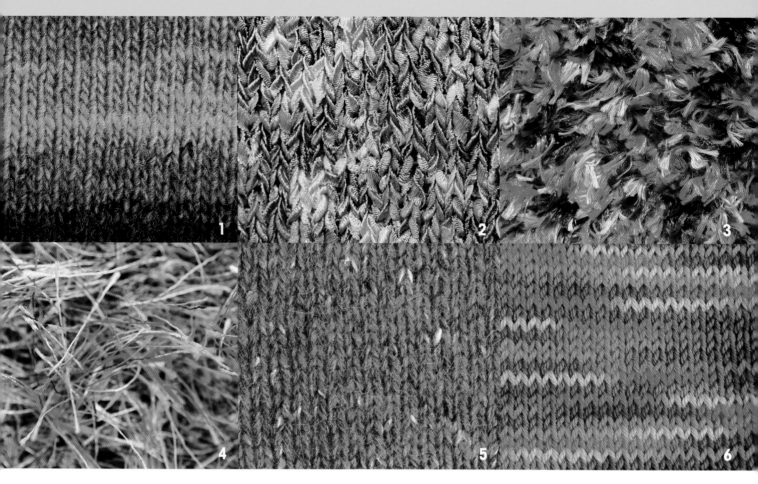

Couleur

Les couleurs sont une excellente source d'inspiration pour les gens créateurs. Tout au long du livre, je donne des idées pour le choix de couleurs alternatives, et ce, pour chaque sac. Certaines suggèrent d'utiliser des couleurs audacieuses et vibrantes pour un style tapageur, et d'autres suggèrent l'utilisation de couleurs naturelles dans les tons de terre. Vous pouvez utiliser plusieurs couleurs d'un simple fil pour introduire un mélange de couleurs dans votre tricot et ainsi essayer des techniques comme l'intarsia ou le *Fair-Isle* (voir pages 94-99 et 108-109). Les sacs *Fleurs Fantastiques* (pages 78-81) sont tricotés avec du rose et du orange vif, tandis que les couleurs classiques des sacs à main *Fair-Isle* (pages 94-97) sont un mélange de bleus pour un style plus doux. Vous pouvez aussi utiliser des fils multicolores. « Fil multicolore » est un terme général que j'utilise tout au long du livre pour décrire les fils teints en plusieurs couleurs. Ce terme général comprend plusieurs types de fils multicolores, certains d'entre eux sont présentés dans les échantillons ci-haut. Ces fils sont faciles à utiliser, car nous n'avons pas à joindre de nouvelles couleurs.

UN GUIDE DES COULEURS
Les fils illustrés ci-haut sont :

Le fil de laine autorayé (1) a comme caractéristique une longueur de couleur qui se confond lentement à une autre. Ces longueurs sont généralement suffisantes pour tricoter quelques rangs. J'ai utilisé un fil comme cela pour le *sac à dos Retour* (pages 36-39). Je l'ai aussi utilisé pour le sac *Danse carrée* (page 68-71), où chaque couleur apparaît pour faire une forme différente et ainsi produire un effet de patchwork.

Le fil ruban (2) a une plus petite longueur de couleur qui produit davantage des taches de couleurs plutôt que des rayures. Ces taches sont assez longues pour tricoter plusieurs mailles, mais pas un rang complet.

Le fil fourrure à poil ras (3) a de petites taches de couleur qui s'entremêlent dans la texture du fil.

Le fil fourrure à poil long (4) Ce dernier a des brins multicolores qui se mélangent avec des fils orange. Le poil fourrure rebrousse des brins du centre. Un fil métallique est tissé à l'intérieur pour donner l'impression que les couleurs sont placées aléatoirement.

Le fil tweed (5) est un mélange de deux couleurs ou plus avec des taches de couleurs contrastantes. Utiliser le fil tweed apporte une touche de couleur à tout tissu. Celui illustré ici est un mélange de gingembre et d'orange. Les taches sont multicolores. J'ai utilisé un fil tweed pour le sac *Feuilles d'automne* (pages 42-45), un vert foncé avec des touches d'orange et de jaune. Le sac de dentelle *Jolie en violet* (page 49) est tricoté avec un magnifique fil tweed violet foncé.

Le fil rayé (6) convient aux petites pièces tricotées, comme les chaussettes, et produit un motif rayé précis. Certains, comme celui de l'illustration 6, ont de petites rayures de couleurs qui se mélangent avec d'autres. Vous pouvez briser la séquence des rayures en utilisant deux pelotes et en travaillant deux rangs avec chaque pelote ou utiliser deux brins ensemble pour produire un fil jaspé.

1 astrakan

2 bouclé

3 chenilles

4 cordes

5 fil fourrure

6 coton mat

Texture

Les fils sont faits dans une grande variété de textures, de la plus simple à la plus extravagante : ruban, bouclé ou fourrure. J'ai écrit ce chapitre pour bien illustrer la magnifique variété des textures de fils. Chacun d'eux montre la qualité du fil et quel type de tissu en résulte lorsqu'il est tricoté. Une simple maille de jersey révèle les fabuleuses textures de fils, et les petits motifs peuvent se perdre dans la texture. Et pourquoi ne pas essayer une réelle grosse torsade travaillée avec de l'astrakan ou une dentelle frivole confectionnée avec du mohair ?

LE GUIDE DES TEXTURES

Les fils sont décrits ci-dessous :

1 Le fil d'astrakan a une texture de nœuds qui bouclent sur la surface du tissu. Utilisez un simple point jersey pour en voir la texture (voir le sac à bandoulière *Vie secrète*, pages 40-41).

2 Le fil bouclé a sensiblement la même texture bouclée que l'astrakan, formé quand un brin lâchement filé s'enroule autour de lui-même en nœuds et accrocs. Le coton bouclé est frisé et produit une texture dense, un peu comme une serviette.

3 Le fil chenille est un fil fourrure à poil ras ; il produit un magnifique tissu riche et velouté. Cette version serait parfaite seule ; un fil chenille plus mince ajoute douceur et luxe à un mélange de fils.

8 métallique

7 coton mercerisé

10 ruban

9 mohair

12 tweed

11 fil ruban

4 Le fil pour corde est lisse et rond. Lorsqu'elle est tricotée, chaque maille reste une à côté de l'autre, ce qui produit un tissu plus ajouré. C'est un fil idéal pour des tissus endroit et envers bien définis. Il ajoute de la structure à un mélange de fils plus doux.

5 Le fil fourrrure ressemble un peu à un ruban usé. Il est disponible en plusieurs largeurs, allant de très étroite à extrêmement large ; il est tricoté dans un tissu de profondes vagues chatoyantes. Contrastez-le avec des fils plus doux ou utilisez une version à poil long pour un résultat plus duveteux (voir le sac *Reine des neiges*, page 72-74).

6 Le coton mat a une adorable texture sèche. Il a du poids et ajoutera de la résistance et de la structure à un mélange de fils. La couleur de ce mélange de coton et de soie est magnifiquement dense et riche.

7 Le coton mercerisé est un fil serré et lustré qui donne un tissu très propre et frais. Il est disponible dans une grande variété de couleurs intenses et lumineuses.

8 Les fils métalliques sont craquants, modernes et pleins de lumière. C'est un mélange de viscose et d'éléments métalliques qui ajoute une luminosité marquée à un tissu plus doux. Ajoutez-le à n'importe quel mélange de fils pour créer instantanément un style luxueux et éclatant.

9 Le mohair est un fil doux et duveteux ; ses fibres piègent l'air et la lumière pour produire un tissu semblable à de la douce plume. Utilisez-le avec des fils plus lourds pour apporter une touche de couleur (voir le sac *C'est dans le sac*, page 26-27).

10 Le ruban est une version tissée du ruban de coton. Il est plat et varie en largeurs (étroite à large). Ces fils sont disponibles dans toutes les fibres, de la laine aux fibres synthétiques. Le ruban-échelle illustré ici a une forte structure ponctuée de coups marqués de couleurs très précises. Les rubans sont très variés : ils peuvent être multicolores, filés avec des fibres métalliques, avoir une structure ouverte ou solide ; ils peuvent aussi être duveteux, rigides, élastiques ou résistants.

11 Le ruban de coton est un fil tricoté fluide et plat qui produit rarement un tissu complètement plat ; il a tendance à se tordre et à se replier sur les aiguilles. Il doit être plié en deux pour une maille, et ensuite ouvert pour la suivante. Ce type de fil de coton donne de la structure au tissu, alors qu'une version de viscose produit un tissu magnifiquement moulant.

12 Le fil de tweed est une combinaison de deux couleurs ou plus, filées ensemble ou introduites en mèches ou en nœuds de couleur. Un tissu tricoté en fil de tweed est chaud, confortable et résistant. Vous pouvez faire un contraste avec du fil métallique ou de coton pour une touche sensationnelle. De la laine pure de tweed donne de magnifiques tissus foulés ; les couleurs se fusionnent en un dense tissu brossé.

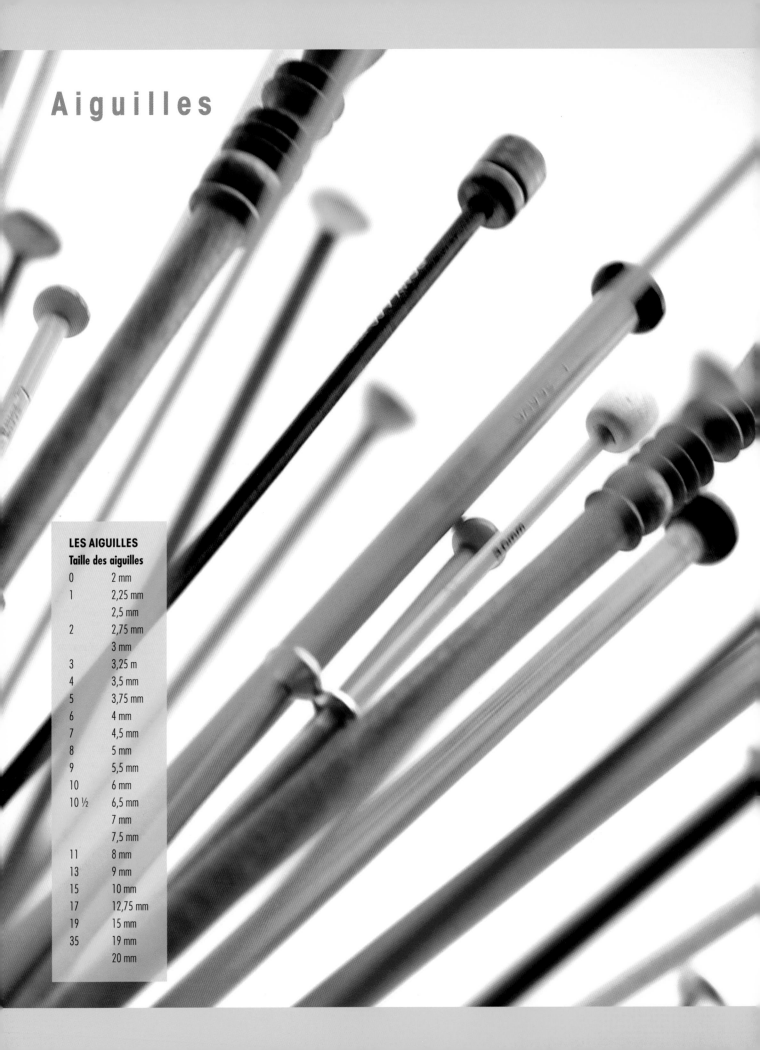

Aiguilles

LES AIGUILLES

Taille des aiguilles

0	2 mm
1	2,25 mm
	2,5 mm
2	2,75 mm
	3 mm
3	3,25 m
4	3,5 mm
5	3,75 mm
6	4 mm
7	4,5 mm
8	5 mm
9	5,5 mm
10	6 mm
10 ½	6,5 mm
	7 mm
	7,5 mm
11	8 mm
13	9 mm
15	10 mm
17	12,75 mm
19	15 mm
35	19 mm
	20 mm

Jauge

Au début de chaque projet, j'ai donné la jauge (tension) nécessaire pour réaliser le projet avec succès. La jauge est le nombre de rangs et de mailles pour faire un pouce carré (2,5 cm). C'est une partie très importante du tricot ; si vous n'avez pas la bonne jauge, le sac n'aura pas la bonne dimension ; par exemple, le sac « *Vachement original !* » (pages 60-63) peut finir trop petit ou le sac à cordonnet *Tire vite* pourrait être trop grand.

MESURER LA JAUGE

La jauge est donnée aux 4 po (10 cm). Par exemple, la jauge pour un fil léger (DK) est de 22 mailles et de 28 rangs aux 4 po (10 cm) mesurée en point jersey avec des aiguilles n° 6 (4 mm). Pour vérifier votre jauge, vous devez travailler un carré de tissu mesurant au moins 6 po (15 cm), utilisant le fil, la taille d'aiguille et le point indiqués. Vous pouvez alors mesurer le tissu dans le centre du carré, évitant ainsi les points piqués (car ceux-ci seront déformés).

Il est parfois difficile de bien compter à la fois les mailles et les rangs. Il est plus important d'obtenir le compte exact des mailles, alors concentrez-vous sur celles-ci. Le compte des rangs importe seulement dans les projets où j'ai donné des instructions pour créer une forme pour un certain nombre de rangs, comme le sac *Renversé* (pages 56-59) et le sac *Boutons et Boucles* (pages 82-85).

TRICOTER UNE JAUGE CARRÉE

Pour tricoter une jauge carrée en point jersey, montez le nombre de mailles indiquées pour 4 po (10 cm) plus la moitié de ce nombre. Par exemple : 22 mailles plus 11 mailles.

1 Tricotez en jersey pour 6 po (15 cm) et ensuite rabattez lâchement.

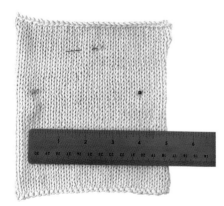

2 Pressez le carré à la vapeur ou avec un linge humide dans le même sens que vous l'utiliserez une fois votre projet terminé (voir page 112). Les informations sur la bande étiquette de la pelote vous indiqueront si vous pouvez presser le fil à la vapeur ou non.

3 Étalez votre pièce sur une surface plane sans l'étirer. Placez une règle horizontalement sur le carré et placez une épingle à 1 po (2,5 cm) à l'intérieur du bord et placez-en une autre à 4 po (10 cm) de la première épingle.

4 Faites de même pour les rangs en plaçant la règle verticalement en la gardant éloignée des bords montés et rabattus qui peuvent tirer le tissu vers l'intérieur.

5 Comptez le nombre de mailles et de rangs entre les épingles : c'est votre jauge. Si vous avez plus de mailles que le nombre suggéré, vos mailles sont trop petites ; vous devrez utiliser une aiguille d'une taille plus grande pour faire les mailles plus grandes et obtenir ainsi moins de mailles aux 4 po (10 cm). Si vous avez trop peu de mailles, cela signifie que vos mailles sont trop grandes ; vous devez utiliser une taille d'aiguille plus petite pour faire les mailles plus petites et ainsi en obtenir plus aux 4 po (10 cm.)

6 Travaillez un autre carré jusqu'à ce que vous obteniez la jauge indiquée sur le patron.

MESURER LES FILS TEXTURÉS

Si vous utilisez un fil texturé, il peut être difficile de voir les mailles et les rangs individuels. Pour les fils à poils longs, comme la simili-fourrure présentée ici, mesurez 4 po (10 cm) pour les mailles et les rangs en plaçant une marque de fil contrastant. Laissez de longues extrémités sur ces marques pour qu'elles soient visibles à travers le long poil. Tenez le carré devant une fenêtre ou une lumière (protégez vos yeux de la lumière). Ceci fera clairement paraître les mailles et les rangs pour que vous puissiez les compter. Avec les fils qui sont très texturés, tel que le bouclé montré ici, ou un fil en laine de mouton ou un fil pelucheux, les mailles se ferment et produisent une surface

uniforme lorsqu'elles sont tricotées. Tricotez un fil de coton de couleur contrastante avec le fil. Ceci révélera les mailles et les rangs, et rendra le comptage plus facile. Marquez 4 po (10 cm) pour les mailles et les rangs avec un fil contrastant, pour que vous puissiez tirer le tissu pour distinguer les mailles difficiles sans perdre d'épingle.

Il est souvent plus facile de discerner les mailles et les rangs sur l'envers du carré, sur le côté du jersey envers. Utilisez donc ce côté pour mesurer.

Si vous n'êtes certaine de savoir à quoi ressemblent les mailles et les rangs individuels, référez-vous à la page 103.

MESURER SUR UN MODÈLE DE POINTS

Si la jauge est donnée pour un modèle de points, comme celui du sac *Boutons et Boucles* (pages 82-85), montez assez de mailles pour travailler des répétitions complètes. La répétition du modèle suit l'astérisque ; montez sur un multiple de ce nombre de mailles plus les mailles données au commencement et à la fin du rang.

UTILISER LA JAUGE POUR SUBTITUER LES FILS

Pour tous ces projets, j'ai suggéré d'autres fils à utiliser ou des grosseurs différentes de fils pour mélanger en un unique fil. Il est très important d'essayer d'obtenir la jauge indiquée quand vous changez le mélange de fils ou le projet n'aura pas la bonne taille et le tissu fini pourra être trop lâche ou trop serré.

Abréviations

Les abréviations sont utilisées dans le tricotage de modèles pour raccourcir les termes fréquemment utilisés pour que les instructions soient plus faciles à lire et d'une longueur raisonnable. La liste suivante contient toutes les abréviations que vous devez connaître pour les projets de ce livre.

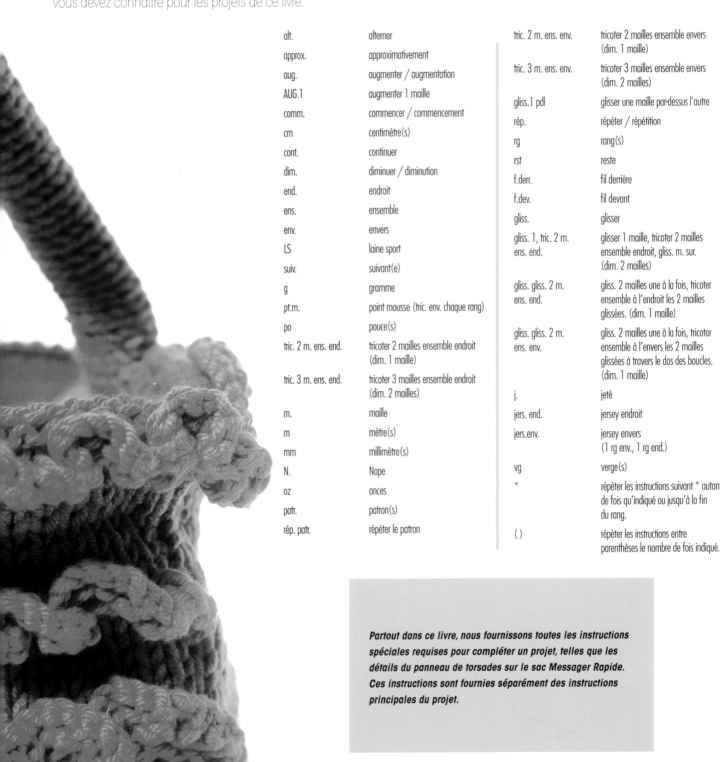

alt.	alterner	tric. 2 m. ens. env.	tricoter 2 mailles ensemble envers (dim. 1 maille)
approx.	approximativement	tric. 3 m. ens. env.	tricoter 3 mailles ensemble envers (dim. 2 mailles)
aug.	augmenter / augmentation		
AUG.1	augmenter 1 maille	gliss.1 pdl	glisser une maille par-dessus l'autre
comm.	commencer / commencement	rép.	répéter / répétition
cm	centimètre(s)	rg	rang(s)
cont.	continuer	rst	reste
dim.	diminuer / diminution	f.derr.	fil derrière
end.	endroit	f.dev.	fil devant
ens.	ensemble	gliss.	glisser
env.	envers	gliss. 1, tric. 2 m. ens. end.	glisser 1 maille, tricoter 2 mailles ensemble endroit, gliss. m. sur. (dim. 2 mailles)
LS	laine sport		
suiv.	suivant(e)		
g	gramme	gliss. gliss. 2 m. ens. end.	gliss. 2 mailles une à la fois, tricoter ensemble à l'endroit les 2 mailles glissées. (dim. 1 maille)
pt.m.	point mousse (tric. env. chaque rang)		
po	pouce(s)	gliss. gliss. 2 m. ens. env.	gliss. 2 mailles une à la fois, tricoter ensemble à l'envers les 2 mailles glissées à travers le dos des boucles. (dim. 1 maille)
tric. 2 m. ens. end.	tricoter 2 mailles ensemble endroit (dim. 1 maille)		
tric. 3 m. ens. end.	tricoter 3 mailles ensemble endroit (dim. 2 mailles)		
		j.	jeté
m.	maille	jers. end.	jersey endroit
m	mètre(s)	jers.env.	jersey envers (1 rg env., 1 rg end.)
mm	millimètre(s)		
N.	Nope	vg	verge(s)
oz	onces	*	répéter les instructions suivant * autant de fois qu'indiqué ou jusqu'à la fin du rang.
patr.	patron(s)		
rép. patr.	répéter le patron	( )	répéter les instructions entre parenthèses le nombre de fois indiqué.

Partout dans ce livre, nous fournissons toutes les instructions spéciales requises pour compléter un projet, telles que les détails du panneau de torsades sur le sac Messager Rapide. Ces instructions sont fournies séparément des instructions principales du projet.

Lire les patrons de tricot

Un patron de tricot vous dit comment tricoter et réaliser un projet tricoté. Les instructions sont faites d'expressions abrégées et des abréviations, autrement elles seraient beaucoup trop longues. Les abréviations utilisées dans ce livre apparaissent dans une liste à la page 16 avec leur signification. Plusieurs sont fréquemment utilisées, comme end. et env. D'autres se réfèrent à des mailles spéciales, comme T4A. Celles-ci sont expliquées dans le patron et dans la section technique à l'endos (voir page 110 pour les torsades).

INSTRUCTIONS SPÉCIALES

Dans un des projets, le sac *Messager Rapide* (pages 86-89), j'ai mis à part des instructions pour les panneaux de torsades. C'est parce que ces panneaux auraient rendu les instructions du projet trop longues et compliquées et plusieurs informations seraient répétées. Le panneau est monté avec un groupe de mailles ; suivez le patron du panneau tandis que vous travaillez avec les instructions du projet. Par exemple : **1er rang :** (1 m. end., 1 m. env.) deux fois ; T4A ; 2 m. env. ; travaillez le 1er rang du panneau A ; 2 m. env. ; T4D ; 2 m. env. ; travaillez 1er rang du panneau B ; 2 m. env. ; T4A ; 2 m. env. ; travaillez 1er rang du panneau C ; 2 m. env. ; T4D ; (1 m. env., 1 m. end.) deux fois.

TRAVAILLER AVEC LES GRAPHIQUES

Le sac *Fleurs Fantastiques* (pages 78-81), le sac *Vachement original !* (pages 60-63) et les bourses *Fabuleuse Fair Isle* (pages 94-99) sont tous travaillés à partir de graphiques de couleurs. Il y a généralement peu d'instructions écrites pour ceux-ci, sauf le nombre de mailles à monter et à tricoter qui n'est pas inclus dans le graphique. Comment travailler à partir de graphiques est expliqué aux pages 108-109, ainsi que les techniques d'intarsia.

Parfois, le diagramme indique quelle forme devra prendre votre tricot et ceci sera inclus dans les instructions du diagramme. Par exemple : travaillez les rangs endroits (impairs) de droite à gauche et envers (pairs) de gauche à droite ; dim. 1 maille à chaque extrémité du 13e et tous les 8 rangs suivants ; tricotez en jers. end. à partir du graphique jusqu'à ce que le 64e rang soit complété. 52 mailles.

PHRASES ABRÉGÉES COURANTES

Vous verrez quelques expressions abrégées courantes dans les instructions du patron, incluant les suivantes :
Cont. comme monté. Au lieu de répéter les mêmes instructions à plusieurs reprises, le patron vous dit de continuer à travailler comme indiqué précédemment. Par exemple : cont. en motif de torsade tel que monté, comm. avec le 5e rg du panneau jusqu'à ce que le rabat mesure approx. 11 po (28 cm) à partir du début.

Bien suivre le modèle. Continuez avec un modèle de point, le gardant correctement travaillé sur le bon nombre de points, tandis que vous faites quelque chose pouvant interférer avec le modèle de point. Par exemple : gardant la texture du patron, dim. 1 m. (tel que monté sur le 40e rang) à chaque extrémité de chaque 6e rang jusqu'à ce que vous obteniez 55 m.

Travaillez comme pour... Ceci est utilisé pour éviter de répéter des instructions ; il peut être utilisé dans un ensemble d'instructions ou pour montrer comment travailler une autre version du même sac. Par exemple : travaillez comme pour le sac Compagnon Estival, en omettant le cordon.

* Répétez les instructions suivantes * autant de fois qu'indiqué ou jusqu'à la fin du rang. Par exemple : **1er rang :** Tric. 1 m. end. ; *1 m. env. ; 1 m. end*. ; rép. de * à * jusqu'à la fin.

Les astérisques (**) apparaissent habituellement au commencement ou au commencement et à la fin d'une section d'instructions et indiquent que plusieurs rangs d'instructions devraient être répétés. Par exemple : travaillez comme pour la première bandoulière de ** à **.

Les parenthèses ( ) indiquent que vous devriez répéter les instructions entre parenthèses autant de fois qu'indiqué. Par exemple : tric. 1 m. end. ; (GGT, 5 m. end.) 7 fois ; GGT, 6 m. end.

MESURES IMPÉRIALES ET MÉTRIQUES

Notez que les patrons sont écrits tant en mesure impériale (pouces et onces) qu'en métrique (centimètres et grammes). Vous devriez vous en tenir à l'une ou à l'autre ; certaines conversions de l'impérial au métrique ne sont pas exactes.

Et maintenant, au tricot !...

Sacs
Simplement chic !

Voici cinq versions d'un modèle de sac simple qui prouve que connaître les bases du tricot, tel que monter des mailles, tricoter endroit et envers, et rabattre des mailles sont tout ce dont vous avez besoin pour créer un superbe sac. Nous commençons avec une version branchée de simili-fourrure. Deux des autres sacs sont tricotés avec des fils légers (DK) ; les versions pourpre et Nuptial reposent sur un mélange de textures pour produire un effet. Le fil moyen (irlandais) est utilisé pour la version rose. La version en grosse laine montre comment convertir n'importe laquelle de ces variations en un sac à bandoulière. J'ai présenté différentes idées pour des garnitures, des poignées et des attaches ; donc il est facile de changer le modèle de base pour créer votre propre sac idéal.

Les fils de simili-fourrure sont une bonne façon de fournir un effort minimal pour un impact maximal. Ce modèle est très simple, même pour les tricoteuses moins expérimentées, mais le riche fil fourrure crée un merveilleux tissu. Voir pages 21-22.

Cette version fascinante démontre comment vous pouvez exploiter couleur, texture et parures pour donner de l'attrait. Le modèle est toujours très simple, mais c'est l'utilisation imaginative de fils contrastants et des parures élégantes qui donnent la beauté à ce sac. Voir page 23.

Confectionner un sac en bandes de plusieurs fils dans le même coloris crée un sac à texture subtile, et est attrayant. Cette version dispose aussi de quelques jolies garnitures ; soyez toujours à l'affût de rubans spéciaux et de perles que vous pourriez incorporer dans vos pièces tricotées. Voir page 24.

Vous pouvez utiliser un simple sac à titre d'arrière-plan pour quelques sensationnelles feuilles et roses tricotées. Ce merveilleux petit sac offre un contraste de couleurs attrayant en trois dimensions. Voir page 25.

Cette version du sac Simplement Chic ajoute une bandoulière utile et un rabat fermé par une broche diamantée contrastante. Ce choix de fil crée un beau tissu qui est confortable, très laineux, doux et pourtant résistant. Voir pages 26-27.

Juste pour vous

La beauté de ce sac se trouve dans son effet fabuleux de simili-fourrure. La confection du sac lui-même est très simple : tricotez seulement deux pièces de tissu et cousez-les ensemble. Montez et tricotez en jersey endroit, rabattez et vous avez terminé. Cousez deux poignées achetées pour une touche finale chic.

MESURES

Le sac terminé mesure 8 po (20,5 cm) de large et 9 po (23 cm) de haut

RASSEMBLEZ...

Matériel

2 pelotes de 1¾ oz (50 g) de fil fourrure épais (très laineux) (44 vg / 40 m par pelote) en brun/noir

Fil léger (DK) noir pour coudre et fixer les poignées

Aiguilles et mercerie

1 paire d'aiguilles n° 10½ (7 mm)

Paire de poignées de plastique noires 6 po (15 cm) large à la base

Doublure 20 po (51 cm) x 12 po (30,5 cm)

JAUGE

12½ m. et 17 rg aux 4 po (10 cm) mesuré sur jers. end. avec des aiguilles n° 10½ (7 mm)

Tricotez votre sac...

Devant et arrière (faites les 2 identiques)

À l'aide d'aiguilles n° 10½ (7 mm), montez 24 mailles.

Tric. en jers. end. (1 rg end., 1 rg env.), en commençant avec un rang endroit, jusqu'à ce que le devant mesure 8½ po (21,5 cm) à partir du début, et en finissant avec un rang endroit.

Tricotez 3 rangs.

Rabattez les mailles à l'envers.

Pour terminer...

Confectionnez une simple doublure tel que montré aux pages 114-115. En utilisant du fil léger (DK), joignez les coutures des côtés et du fond. Cousez les poignées en position en vous assurant qu'elles soient centrées, en travaillant plusieurs mailles à travers les trous de la poignée et ensuite à travers le bord supérieur du sac. Avec l'envers face à face, glissez la doublure dans le sac et tricotez des mailles coulées à l'endroit sous le bord rabattu.

Les fils fourrure à long poil produisent une merveilleuse texture pour les sacs tricotés.

METTRE L'ACCENT SUR LE FIL

J'aime la simplicité du travail avec le fil fourrure. Sa surface pelucheuse cache toutes formes ou points compliqués, les rendant inutiles. Le fil produit un tissu épais et luxueux, ce qui est tout à fait ce que je voulais pour ce sac.

SECRETS DE CONFECTION RÉVÉLÉS...

Les fils à la mode tels les longs fils fourrure et simili-fourrure sont préférablement travaillés en des formes simples en point jersey. Les sacs ont généralement une forme simple de toute façon et ces fils leur donnent beaucoup d'effet avec peu d'efforts. Ce sac ne prend pas beaucoup de fil, donc vous pouvez dépenser un peu plus et acheter un fil extravagant ou l'un de ceux que vous n'oseriez pas utiliser pour un chandail.

MESURES

Le sac terminé mesure 8 po (20,5 cm) de large
et 9 po (23 cm) de haut

RASSEMBLEZ...
Matériel

A 1 pelote de 1¾ oz (50 g) de fil léger (DK)
soyeux (147 vg / 135 m par pelote) en violet pâle
B 1 pelote de 1¾ oz (50 g) de ruban léger (DK)
(127 vg/ 116 m par pelote) en violet foncé

Aiguilles et mercerie

Aiguilles et mercerie
1 paire d'aiguilles n° 6 (4 mm)
9 po (23 cm) de bordure perlée
Bouton
Doublure 20 po (51 cm) x 12 po (30,5 cm)

JAUGE

22 m. et 28 rg aux 4 po (10 cm) mesuré sur jers.
end. avec des aiguilles n° 6 et du fil A

METTRE L'ACCENT SUR LE FIL

Pour ce sac, j'ai choisi un fil doux d'apparence
soyeuse avec une texture subtile, contrastée avec
un ruban plus dense à la sensation suédée. Il s'est
avéré que le fil ruban était très extensible. La
frange de perle, achetée pré-attachée à un ruban,
était une façon simple d'ajouter de l'éclat, tandis
que le bouton a ajouté de la couleur et de l'attrait.

Ici, deux fils luxueux dans des nuances de violet, avec l'ajout de certaines perles fasci-
nantes, créent un sac de soirée. Le simple point jersey est utilisé avec un point de
mousse étroit bordant le haut. Les poignées en point jersey sont disposées de façon
à rouler pour créer un tube mou. C'est un sac carré de base qui a été formé sans
aucune diminution de mailles à cause du choix de fil.

Tricotez votre sac...

Devant et dos (faites les 2 identiques)
En utilisant des aiguilles n° 6 (4 mm) et du fil A, montez
44 mailles.
Tricotez en jers. end. (1 rg end., 1 rg env.), en commençant
avec un rang endroit, jusqu'à ce que le devant mesure 6 po
(15 cm) à partir du début, en finissant avec un rang envers.
Changez pour le fil B et cont. en points jersey jusqu'à ce que le
devant mesure 8½ po (21,5 cm) à partir du début, en finissant
avec un rang endroit.
Tricotez 3 rg end.
Rabattez à l'envers.

Poignées (en faire 2)
En utilisant des aiguilles n° 6 (4 mm) et du fil B, montez
66 mailles.
Tricotez 6 rangs en points jersey.
Rabattez.

Pour terminer...

Pressez le dos et le devant selon les instructions sur les bandes
étiquettes. Ne pressez pas les poignées ; laissez-les rouler.
Faites une simple doublure tel que montré aux pages 114-115.
Joignez les coutures des côtés et du fond du sac. Cousez la
bordure perlée sur le devant seulement. Cousez les poignées,
en vous assurant qu'elles soient centrées, avec le jersey env. vers
l'extérieur. Cousez le bouton sur le devant en vous assurant qu'il
soit bien centré. Faites une boutonnière avec le fil B : enfilez
un brin du fil sur une aiguille à coudre et faites un nœud à un
bout. Enfilez à travers le dos du sac en haut, à partir de l'envers
vers l'endroit, autour du bouton et retournez au dos du sac, en
passant le fil de l'endroit à l'envers. Attachez le bout. Avec les
envers face à face, glissez la doublure dans le sac et tric. des
mailles coulées en place sous le bord rabattu, en couvrant les
extrémités des poignées et la boutonnière.

SECRETS DE CONFECTION RÉVÉLÉS...

Ce coloris est idéal pour une soirée, mais vous
pouvez le transformer en sac de tous les jours
en utilisant différents fils. Une laine de tweed peut
être contrastée avec un bouclé mousseux, tandis
qu'un mat gris contrasté avec un gris brillant est
parfait pour le bureau. Vous pourriez décorer le
sac de vieux colliers de perle ou d'une collection
de boutons spéciaux, ou chercher des tresses
inhabituelles ou des garnitures de revêtement
de meubles, comme des franges en cordon ou
des glands.

Demoiselle d'honneur

MESURES

Le sac terminé mesure 8 po (20,5 cm) de large
et 9 po (23 cm) de haut

RASSEMBLEZ...

Matériel

A 1 pelote de fil léger (DK) de 1¾ oz (50 g)
composé d'un mélange laine/coton (123 vg /
113 m par pelote), couleur crème

B 1 pelote de fil moyen (Irlandais) de ⅞ oz (25 g)
de velours-style ruban (63 vg / 58 m par pelote),
couleur crème

C 1 pelote de fil moyen (Irlandais) de 1¾ oz
(50 g) composé d'un mélange de coton bouclé
(136 vg / 125 m par pelote), couleur crème

D 1 pelote de fil léger (DK) de 1¾ oz (50 g)
composé d'un mélange mohair/métallique (174 vg
/ 190 m par pelote), couleur crème

Aiguilles et mercerie

1 paire d'aiguilles n° 6 (4 mm)
24 po (61 cm) de ruban de satin de ½ po
(1,5 cm) de large pour les poignées
Sélection de perles crème, de perles de rocailles
et de perles de ¼ po (0,5 cm)
Six longueurs de rubans couleur crème de 10 po
(25,5 cm) x ¼ po (0,5 cm) de large, pour enfiler à
travers le sac et les perles, et deux rubans couleur
crème, 10 po (25,5 cm) x ½ po (1,5 cm) de large
Doublure de 20 po (51 cm) x 12 po (30,5 cm)

JAUGE

22 m. et 28 rg aux 4 po (10 cm) mesuré sur jers.
end. avec des aiguilles n° 6 (4 mm)
et du fil A

*Note : Deux brins de fil D sont utilisés simultané-
ment. Assurez-vous que vous travaillez avec les
deux brins à chacune des mailles.*

Ce superbe sac serait idéal pour des demoiselles d'honneur ou même pour la jeune mariée elle-même. Il est doux, féminin et chic, avec une touche d'éclat. Le point jersey simple est travaillé en rayures de textures contrastantes.

Tricotez votre sac...

Devant et dos (faites les 2 identiques)

En utilisant des aiguilles n° 6 (4 mm) et du fil A, montez
44 mailles.
Fil A : Tric. 12 rangs en jers. end. (1 rg end., 1 rg env.),
en commençant avec un rg end.
Fil B : Tric. 16 rangs.
Fil C : Tric. 8 rangs.
Fil A : Tric. 10 rangs.
Fil D : Tric. 12 rangs.
Utilisez le fil C et tric. en jers. end. jusqu'à ce que le devant
mesure 8½ po (21,5 cm) à partir du début, en finissant avec
un rang endroit.
Utilisez le fil C et tric. 3 rangs.
Rabattez à l'envers.

Pour terminer...

Pressez selon les instructions sur les bandes étiquettes des pelotes.
Faites une simple doublure tel qu'indiqué aux pages 114-115.
Décorez le devant seulement avec des rubans et des perles.
Cousez deux pièces de ruban large entre les rayures. Ajoutez des
perles autant que vous le désirez. Utilisez le ruban plus mince pour
entrelacer le tissu tricoté. Ajoutez de grosses perles en apportant
le ruban sur le côté endroit, enfilez-le sur une perle et remettez le
ruban du côté envers. Joignez les coutures des côtés et du fond.
Coupez deux longueurs de ruban de 12 po (30,5 cm) de ruban
large pour les poignées. Attachez chaque extrémité de la poignée
à 2 po (5 cm) à l'intérieur de la couture des côtés. Avec les côtés
envers face à face, glissez la doublure dans le sac et fixez-la sous
le bord rabattu, en couvrant les extrémités des poignées.

SECRETS DE CONFECTION RÉVÉLÉS...

Ne pensez pas seulement mariage pour ce
splendide sac. Vous pourriez en tricoter un pour
la soirée en utilisant des chenilles, des soies
et des fils métalliques dans de riches nuances
rouges profondes. Vous pourriez aussi faire une
version estivale dans des cotons légers, des soies
et des rubans de nuances rose pastel. Pour faire
vraiment frivole, mélangez ensemble divers fils
à la mode : des simili-fourrures, des fils fourrure,
des gros fils multicolores et des rubans souples
– conservez toutefois une couleur de base présente dans chacun.

METTRE L'ACCENT SUR LE FIL

Les fils sont disponibles en plusieurs textures
et les gammes de couleurs incluent presque
toujours la couleur crème. Certains fils ont une
nuance plus blanche que d'autres, certains sont
jaunâtres et certains sont quelque part au milieu.
Ici, j'ai rassemblé toute une gamme de nuances
et de textures d'épaisseur semblable (DK).
J'aime le contraste du fil de velours mat avec
l'éclat du mohair et la douceur de la laine avec
le drôle de bouclé.

MESURES
Le sac terminé mesure 8 po (20,5 cm) de large
et 9 po (23 cm) de haut

RASSEMBLEZ...
Matériel
A 2 pelotes de fil léger (DK) de 1¾ oz (50 g)
composé d'un mélange de coton (98 vg / 90 m
par pelote), vert fougère
B 1 pelote de fil tweed moyen (Irlandais) de
1¾ oz (50 g) composé d'un mélange de soie et
de coton (118 vg / 108 m par pelote), rouge foncé

Aiguilles et mercerie
1 paire d'aiguilles n° 8 (5 mm)
1 paire d'aiguilles n° 6 (4 mm)
Doublure de 20 po (51 cm) x 12 po (30,5 cm)

JAUGE
17 m. et 24 rg aux 4 po (10 cm) mesuré sur jers.
end. avec des aiguilles n° 8 (5 mm) et du fil A

ACCENT SUR LE FIL
Le fil pour les roses est un mélange de soie et de
coton que j'aime pour son aspect sec au toucher.
C'est un fil moyen (irlandais) pour créer un tissu
vraiment épais qui se roule en formant des roses
fantastiques. J'ai voulu un fil lisse pour contraster
avec cela, alors j'ai choisi un fil de coton épais avec
assez de corps pour soutenir le poids des roses.

SECRETS DE CONFECTION RÉVÉLÉS...
Pour une apparence totalement différente, vous
pourriez utiliser le chaud tweed, rose pâle ou
violet profond, pour les roses et garder le sac vert
foncé ou utiliser un vert vif. Vous pourriez aussi
utiliser ce vert pour les feuilles et présenter une
troisième couleur pour le sac lui-même. Soyez
audacieuse avec ces stupéfiantes roses tricotées
tridimensionnelles ; le sac de base passe de la
simplicité à quelque chose d'unique.

Soyez audacieuse avec ces stupéfiantes roses tricotées tridimensionnelles ; le sac de base passe de la simplicité à quelque chose d'unique. Les roses sont tricotées en point jersey avec un rang de simple diminution (2 m. ens. end.). Les feuilles sont formées en faisant des jetés, 2 m. ens. end. ; GGT et gliss. 1 m., tric. 2 m. ens. end., gliss. m. par-dessus. (voir pages 105-107). Une rose plus petite est utilisée avec une boucle pour former une attache simple.

Tricotez votre sac...
Devant et dos (faites les 2 de la même façon)
En utilisant des aiguilles n° 8 (5 mm) et du fil A, montez
34 mailles.
Tric. en jers. end. (1 rg end., 1 rg env.), en commençant avec
un rg end. jusqu'à ce que le devant mesure 8½ po (21,5 cm)
à partir du début, en finissant avec un rang end.
Tric. 3 rg end.
Rabattez à l'envers.

Poignées (en faire 2)
En utilisant des aiguilles n° 8 (5 mm) et du fil A, montez
51 mailles.
Tric. 4 rg en jers. end.
Rabattez.

Roses (en faire 6)
En utilisant des aiguilles n° 6 (4 mm) et du fil B, montez
40 mailles.
Tric. 6 rg en jers. end. en commençant avec un rang end.
Prochain rg : (tric. 2 m. ens. end.) 20 fois. 20 mailles
Tric. 1 rg env.
Rabattez. Coupez le fil en laissant une bonne longueur pour
coudre sur le sac. Roulez le bord rabattu en rond pour former la
rose. Roulez-en serré et d'autres plus lâchement. Attachez avec
quelques mailles à travers toutes les épaisseurs.

Attache en forme de rose
En utilisant des aiguilles n° 6 (44 mm) et le fil B, montez
20 mailles.
Tric. 4 rg en jers. end. en comm. avec un rg end.
Prochain rg : (tric. 2 m. ens. end.) 10 fois. 10 mailles
Tric. 1 rg env.
Rabattez. Coupez le fil en laissant une bonne longueur pour
coudre sur le sac. Roulez le bord rabattu en rond fermement
pour former la rose. Attachez avec quelques mailles à travers
toutes les épaisseurs.

Feuilles (en faire 5)
En utilisant des aiguilles n° 8 (5 mm) et le fil A, montez 3 m.
et tric. 1 rg env.
1er rg : END. de l'ouvrage ; 1 m. end. ; 1 jeté ; 1 m. end. ;
1 jeté ; 1 m. end. 5 mailles.
2e rg et chaque rg à l'ENV. suivant : Tric. env.
3e rg : 2 m. end. ; 1 jeté ; 1 m. end. ; 1 jeté ; 2 m. end.
7 mailles.
5e rg : 3 m. end. ; 1 jeté ; 1 m. end. ; 1 jeté ; 3 m. end.
9 mailles.
7e rg : GGT ; 5 m. end. ; 2 m. ens. end. 7 mailles.
9e rg : GGT ; 3 m. end. ; 2 m. ens. end. 5 mailles.
11e rg : GGT ; 1 m. end. ; 2 m. ens. end. 3 mailles.
13e rg : Gliss. 1 ; 2 m. ens. end. ; gliss. m. par-dessus
l'autre 1 maille.
Coupez le fil en laissant une bonne longueur pour coudre
sur le sac et enfilez à travers la maille qui reste.

Pour terminer...
Pressez le devant et le dos selon les instructions sur l'étiquette
de la pelote. Faites une simple doublure tel qu'indiqué aux
pages 114-115. Cousez les roses sur le devant en cousant
autour de la base. Disposez la rose vers le haut du sac et
attachez-la avec quelques points. Cousez les feuilles entre les
roses. Cousez la plus petite rose sur l'attache dans le centre
du devant juste au-dessous de la bordure gliss. m. Joignez les
coutures des côtés et du fond. Cousez les poignées, en vous
assurant qu'elles sont centrées, avec le jers. env. faisant face
à l'extérieur.

Boucle
En utilisant des aiguilles n° 6 (4 mm) et le fil A, montez
30 mailles.
Rabattez.

Cousez la boucle à l'intérieur du dos, dans le centre. Avec les
côtés envers face à face, glissez la doublure dans le sac et
fixez-la en place avec une maille coulée sous le bord rabattu,
en couvrant les extrémités des poignées et la boucle.

C'est dans le sac

MESURES

Le sac terminé mesure 8 po (20,5 cm) de large et 9 po (23 cm) de haut

RASSEMBLEZ...

Matériel

1 pelote de fil tweed moyen (Irlandais) de 3½ oz (100 g) de laine (175 vg / 160 m par pelote), bleu-vert.

1 pelote de fil super fin de ⅞ oz (25 g) composé d'un mélange mohair/soie (229 vg / 210 m par pelote), couleur jade

Aiguilles et mercerie

1 paire d'aiguilles n° 10½ (7 mm)
1 paire d'aiguilles n° 10 (6 mm)
Gros bouton ou broche

JAUGE

12 m. et 18 rg aux 4 po (10 cm) mesuré sur jers. end. avec des aiguilles 10½ (7 mm) et un brin de fil A et deux brins de fil B
Tenir ensemble

Note : *Un brin de fil A et deux brins de fil B sont utilisés ensemble pour faire un fil plus épais. Assurez-vous que vous travaillez ces trois brins à chacune des mailles.*

ACCENT SUR LE FIL

J'ai utilisé un mélange de fils pour ce sac : une laine de tweed et un fil de doux mohair. Ensemble, ils composent une gros laine très épaisse. J'ai voulu réaliser un mélange de textures tout en gardant chaque fil dans la même gamme bleu-vert. Une broche antique utilisée comme bouton ajoute une touche d'éclat attrayante à un sac autrement robuste et laineux.

Cette version du modèle de base est pourvue d'un rabat qui ferme et d'une bandoulière pratique. Le rabat est tricoté en point mousse afin qu'il puisse rester plat plutôt que retrousser, et le même point est utilisé pour la bandoulière.

Tricotez votre sac...

Devant

En utilisant des aiguilles n° 10½ (7 mm), montez 24 mailles. Tric. en jers. end. (1 rg end., 1 rg env.) en comm. avec un rg end. jusqu'à ce que le devant mesure 8½ po (21,5 cm) à partir du début, en finissant avec un rg end. **
Tric. 3 rg end.
Rabattez à l'envers.

Dos

Travaillez comme pour le devant jusqu'à **.

Former le rabat

Travaillez 15 rangs en point mousse (chaque rg endroit)
Dim. 1 m. à la fin du prochain rg et de tous les rangs alternés suivants jusqu'à ce qu'il reste 4 m., en finissant avec un rang côté envers.
Rang de la boutonnière : Rabattez 3 mailles, montez 8 mailles.
Rabattez lâchement.

Bandoulière

En utilisant des aiguilles n° 10 (6 mm), montez 5 mailles et travaillez en point mousse pour 40 pouces (101,5 cm). Rabattez.

Pour terminer...

Joignez les coutures des côtés et du fond. Cousez les extrémités de la bandoulière sur chaque côté du dos en haut. Cousez les bouts des boutonnières en bas. Repliez le rabat comme pour fermer le sac, marquez la position du bouton. Cousez le bouton.

SECRETS DE CONFECTION RÉVÉLÉS...

Mélangez les fils ensemble signifie que vous pouvez créer votre propre fil unique. C'est aussi une façon ingénieuse d'utiliser de vieux restants de fil ou du fil mince, que vous n'utiliseriez pas normalement. Pour obtenir un gros fil, essayez de mélanger trois fils légers (DK) ensemble, comme un fil métallique et de tweed, ou un fil moyen (irlandais) et un fil léger (DK), comme un coton lisse et un bouclé. Utilisez plus de brins de fils minces en les choisissant dans les mêmes tons, ou incluez une couleur contrastante dans le mélange – en ajoutant un fil or dans un mélange de verts, ou un fil violet dans les bleus.

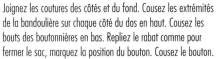

Personnalisez-le

C'est un sac délicieusement coloré qui vous permet de pousser votre excentricité à l'extrême, tant par sa texture que ses détails. Il est aussi de format pratique – assez grand pour contenir des carnets de notes et des carnets à croquis si l'inspiration vous saisit alors que vous êtes à l'extérieur. Ajoutez-y votre touche personnelle avec des perles, des boutons et des petits bijoux porte-bonheur – vous pourriez rendre le sac unique en utilisant des choses qui ont une valeur sentimentale, comme vos vieux bijoux de fantaisie préférés ou des trésors trouvés dans des friperies. C'est un sac amusant et drôle, laissez donc courir votre imagination !

Cousez-y des perles spéciales, vos boutons favoris et des porte-bonheur antiques pour donner de la personnalité à votre sac.

SECRETS DE CONFECTION RÉVÉLÉS...

J'ai utilisé ici une palette de couleurs limitée, mais ce sac serait une occasion idéale d'utiliser n'importe quel reste de fils que vous avez. Rassemblez une gamme de bleus, de verts ou de roses dans autant de textures que vous le désirez. Il importe peu que vous mettiez de la laine à côté du coton ou de la soie avec le mohair. Alternativement, vous pourriez tricoter chaque bande dans une couleur différente pour des contrastes excitants.

ACCENT SUR LE FIL

J'ai marié des nuances riches de turquoise et de framboise, car elles contrastent bien l'une avec l'autre. Avec ce choix de couleurs simple, j'ai rassemblé plusieurs fils de textures différentes ; un mélange de coton et de soie, un coton mercerisé, un mohair luxueux et un mélange d'alpaga et de soie. Chaque texture met les couleurs en valeur différemment.

Personnalisez-le !

MESURES
11 po (28 cm) de large
et 13½ po (34,5 cm) de long

RASSEMBLEZ...
Matériel

A 1 pelote de fil léger (DK) de 1¾ oz (50 g)
composé d'un mélange coton/soie (218 vg /
200 m par pelote), turquoise pâle

B 1 pelote de fil mohair super léger (2 brins)
de ⅞ oz (25 g), (229 vg / 210 m par pelote),
framboise foncé

C 1 pelote de fil de coton léger (DK) de 1¾ oz
(50 g), (115 vg / 106 m par pelote), framboise

D 1 pelote de fil moyen (irlandais) de 1¾ oz
(50 g) composé d'un mélange coton/angora
(98 vg / 90 m par pelote), turquoise

E 2 pelotes de fil léger (DK) de 1¾ oz (50 g)
composé d'un mélange d'alpaga/soie, (114 vg /
105 m par pelote), framboise

Aiguilles et mercerie
1 paire d'aiguilles n° 7 (4,5 mm)
Bouton à titre d'attache
Sélection de boutons, breloques
et larges perles comme parures
Doublure de 24½ po (62 cm) x 14¾ po (37,5 cm)

JAUGE
18 m. et 24 rg aux 4 po (10 cm) mesuré sur jers.
end. (1 rg end., 1 rg env.) avec des aiguilles n° 7
(4,5 mm) et deux brins de fil C

Note : *Les fils A, C et E se composent de deux
brins ensemble partout. Utilisez trois brins de
B ensemble partout. Assurez-vous que vous travaillez avec tous les brins pour chaque maille.*

Le devant de ce sac au motif *patchwork* coloré est composé des bandes de point jersey tissées ensemble ; chaque bande est travaillée dans une texture ou une couleur différente. Le dos est tricoté en une seule pièce avec des rayures. Après le tissage de la bande pour le devant, les pièces sont cousues ensemble et solidifiées en ajoutant divers boutons, des breloques et de grosses perles. Les poignées sont tricotées en point mousse et un seul bouton et une boucle servent d'attache.

Tricotez votre sac...
Devant
Bandes verticales

En utilisant des aiguilles n° 7 (4,5 mm), le fil et le nombre de mailles montées indiqués, tric. 13½ po (34,5 cm) en jers. end. (1 rg end. ; 1 rg env.), en comm. avec un rg end. et finissant avec un rg env. tel que ci-dessous :

Bande 1 : Utilisez 2 brins de A et montez 8 mailles.
Bande 2 : Utilisez 3 brins de B et montez 10 m.
Bande 3 : Utilisez 2 brins de C et montez 6 m.
Bande 4 : Utilisez 1 brin de D et montez 12 m.
Bande 5 : Utilisez 2 brins de A et montez 6 m.
Bande 6 : Utilisez 2 brins de C et montez 10 m.

Horizontal strips

En utilisant des aiguilles n° 7 (4,5 mm), le fil et le nombre de mailles montées indiqués, tric. 11 po (28 cm) en jers. end., en comm. avec un rg end. et finissant avec un rg env. comme ci-dessous :

Bande 1 : Utilisez 2 brins de E et montez 12 m.
Bande 2 : Utilisez 2 brins de C et montez 10 m.
Bande 3 : Utilisez 2 brins de A et montez 14 m.
Bande 4 : Utilisez 3 brins de B et montez 8 m.
Bande 5 : Utilisez 2 brins de E et montez 10 m.
Bande 6 : Utilisez 1 brin de D et montez 10 m.

Dos

En utilisant des aiguilles n° 7 (4,5 mm) et 2 brins de C, montez 49 m.

Avec le fil C, tric. 19 rg en jers. end., comm. avec un rg end.

Avec 2 brins de fil E, tric. 8 rg.

Avec 2 brins de fil A, tric. 4 rg.

Avec 3 brins de fil B, tric. 10 rg.

Avec 1 brin de fil D, tric. 8 rg.

Rép. cette séquence de bandes jusqu'à ce que le dos mesure 12½ po (32 cm) à partir du début, en finissant avec un rg env.

Avec 2 brins de fil C, tric. 5 rg.

Rabattez.

Poignées (en faire 2)

En utilisant des aiguilles n° 7 (4,5 mm) et 2 brins de fil C, montez 108 m.

Tric. 3 rg end.

Rabattez.

Pour terminer...

Cousez toutes les extrémités avec soin. Pressez selon les instructions sur les étiquettes des pelotes, en vous assurant que les bords des bandes sont bien à plat.

Doublure

Utilisez le dos pour faire une doublure simple (voir pages 114-115). Sur une surface plane, étalez les bandes verticales en ordre l'une à côté de l'autre. Tissez les bandes horizontales alternativement sous et sur les bandes verticales. Cousez ensemble autour du bord extérieur en vous assurant que les extrémités soient égales et que les coins soient à angle droit. À quelques endroits où les bandes se croisent, cousez un carré de petits points devant pour solidifier avec un fil contrastant ou appareillé. Faites-le assez souvent pour que les bandes soient couchées solidement une à côté de l'autre et ne se déplacent pas. Cousez la sélection de boutons et de breloques. Placez le dos et le devant ensemble avec les envers ensemble. Cousez les côtés et le fond du sac en utilisant un petit point devant. Cousez le bouton dans le centre du devant à 1 po (2,5 cm) au-dessous du bord supérieur. Utilisez 2 brins de fil C, faites une boucle d'attache dans le centre du dos sur le bord supérieur. Travaillez le point de boutonnière également autour de la boucle (voir page 120). Cousez les poignées. Avec les envers face à face, glissez la doublure dans le sac et fixez-la soigneusement en place autour du haut du sac à l'aide de points mousse, tout en couvrant les extrémités des poignées.

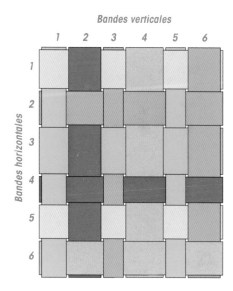

Improvisé

Ce sac d'aspect élégant est idéal pour aller au bureau ou pour n'importe quelle occasion où vous voulez faire bonne impression. Le sac est inspiré des costumes de ville, recréant un tissu classique de rayures fines de haute qualité avec un splendide accent de fil métallique. Les trois boutons reprennent le détail des manchettes d'un costume chic. Le corsage de rose présente un certain contraste féminin et apporte de la couleur. Il est détachable – vous pouvez donc l'enlever et le porter à votre boutonnière de revers lorsque que vous arrivez au travail.

SECRETS DE CONFECTION RÉVÉLÉS…

Pour vos soirées, ce sac serait sensationnel s'il était confectionné dans de la soie pourpre foncé avec un fil d'or métallique contrastant. Pour une version d'été, les rayures de canne en bonbon seraient amusantes et féminines. Pour l'hiver, vous pourriez utiliser une laine tweed avec une rayure contrastante en mohair. Au lieu d'utiliser un fil différent pour la rayure, vous pourriez simplement utiliser le même type de fil, mais dans une couleur différente. Vous pourriez aussi vous amuser avec la taille et la couleur des boutons.

ACCENT SUR LE FIL

Je désirais un gris sobre pour ce tissu, alors j'ai donc choisi un luxueux fil composé d'un mélange de cachemire. J'aurais pu y ajouter une simple bande blanche, mais au lieu de cela, j'ai utilisé un fil métallique argenté. Cette touche transforme le sac qui n'est plus qu'une simple copie de tissu à fines rayures, mais une exemplaire unique paré d'une touche non conventionnelle ajoutée à une conception classique. J'ai travaillé le corsage de rose en rouge et vert foncé, ce qui convient parfaitement à l'apparence sophistiquée du sur mesure.

Improvisé

MESURES

Le sac terminé mesure 10 po (25 cm)
de large à la base
et 8 po (20,5 cm) de haut
et 2 po (5 m) de profond à la base

RASSEMBLEZ...

Matériel

A 2 pelotes de fil léger (DK) de 1¾ oz (50 g)
composé d'un mélange laine/cachemire (142 vg /
130 m par pelote), gris
B 2 pelotes de fil métallique léger (4 brins) de
⅞ oz (25 g) (218 vg / 200 m par pelote), argent

Aiguilles et mercerie

1 paire d'aiguilles n° 6 (4 mm)
Paire de poignées en plastique clair 6 po (15 cm)
large à la base
Doublure de 25 po (63,5 cm) x 15 po (38 cm)
Ruban de 17 po (43 cm) x ¼ po (7 mm) de large
3 boutons
Carton épais pour le fond

JAUGE

22 m. et 30 rg aux 4 po (10 cm) mesuré sur jers.
end. avec des aiguilles n° 6 (4 mm) et du fil A

Note : Utilisez deux brins de fil B ensemble dans
tout le projet. Assurez-vous que vous travaillez
avec les deux brins à chaque maille.

L'effet de fines rayures de ce sac élégant est facilement réalisé en tricotant le sac d'un côté à l'autre, au lieu du bas vers le haut. La forme évasée est travaillée en montant des mailles, pour ensuite les rabattre sur la couture du côté opposé. Une poignée de plastique clair est attachée avec le ruban, lequel est aussi utilisé pour le boutonnage. Le fond plat est renforcé avec un encart amovible de carton épais.

Tricotez votre sac...

(Le sac est tricoté d'une seule pièce, de la couture d'un côté,
à l'autre couture de côté.)
À l'aide d'aiguilles n° 6 (4 mm) et de fil A, montez 33 mailles
et tric. 1 rg env.

Façonnez les côtés

Tric. 14 rg en jer. end. (1 rg end., 1 rg env.), en comm. avec un
rg end., montez 4 m. au début du rg en motif rayé de 3 rangs
A, 1 rg B, 6 rg A, 1 rg B et 3 rg A. Total 89 m.
Avec le fil A, montez 7 m. au début des 2 prochains rg Total
103 m.
Prochain rg : Avec le fil A, tric. 2 m. end. ; 1 m. env. ; tric.
end. jusqu'à ce qu'il reste 3 m. ; tric. 1 m. env. ; 2 m. end.
Prochain rg : Avec le fil B, tric. 2 m. env. ; 1 m. end. ; tric.
env. jusqu'à ce qu'il reste 3 m. ; tric. 1 m. end. ; 2 m. env.
Ces 2 rangs forment la ligne de pli sur les bords supérieurs.
Travaillez en motif rayé de 6 rangs A et 1 rang B, tric. 52 rangs
de plus de cette façon.

Façonnez les côtés

Tout en conservant le motif rayé, montez 7 m. au début des
2 prochains rg et montez 4 m. au début de chaque rg suivant
jusqu'à ce que vous obteniez 33 m.
Rabattez.

Pour terminer...

Cousez toutes les extrémités de fil. Épinglez le sac pour qu'il
mesure 12 po (30,5 cm) de long au centre entre les bords
montés et les bords rabattus, et 18¾ po (47,5 cm) au point
le plus large. Pressez selon des instructions sur l'étiquette de
la pelote de fil.

Doublure

Confectionnez une doublure avec un fond plat (voir pages
115-116).

Fond

Coupez un morceau d'épais carton de 10 po (25,5 cm) de
long et 2 po (5 cm) de large. Faites un fond tel qu'indiqué à la
page 116. Joignez les coutures de côté du sac. Pour former les
coins du fond, tournez le sac à l'envers. Placez les coutures de
côté le long de la ligne de pli à la base, et placez un marqueur
à 1 po (2,5 cm) en bas du point. Cousez à travers le coin à
angle droit. Pliez le coin le long de la base et cousez en position.
Tournez le revers du haut du côté envers, et fixez en position à
l'aide de mailles coulées.

Fixez les poignées

Coupez quatre bouts de ruban de 3 po (7,5 cm) de long.
Enfilez chaque pièce à travers un trou sur les poignées et
pliez-les en deux. Fixez-les à travers les deux épaisseurs pour
les tenir en position. Épinglez les poignées en place en vous
assurant qu'elles soient bien centrées (utilisez le motif rayé pour
vous guider). Cousez les rubans solidement au revers en vous
assurant que la couture soit au-dessous de la ligne de pli.

Boucle

Coupez un bout de ruban de 5 po (12,5 cm) de long. Pliez en
deux et cousez chaque extrémité sur le revers dans le centre en
vous assurant que les points soient au-dessous de la ligne de pli.
Pliez la boucle comme pour fermer le sac et marquer la position
du premier bouton. Cousez les trois boutons avec le même
espace entre chacun.

Avec les deux envers face à face, glissez la doublure dans le sac
et fixez-la soigneusement en place avec des points coulés sur le
revers du dos en couvrant les extrémités des rubans. Poussez sur
le fond du sac pour qu'il s'étale à plat.

MESURES
La rose mesure approx. 2 po (5 cm) de diamètre

RASSEMBLEZ...
Matériel
Restants de fil de laine léger (DK) A rouge foncé et B vert foncé

Aiguilles et mercerie
1 paire d'aiguilles n° 3 (3,25 mm)
Broche

JAUGE
La jauge n'est pas si importante pour ce projet ; il y a des chances que si vous obtenez la bonne jauge pour le sac, vous l'aurez aussi avec le corsage.

ACCENT SUR LE FIL
Je voulais que cette rose soit en trois dimensions ; choisissez donc une laine légère (DK). Elle a assez de corps pour former d'épais pétales qui se tiennent droit, séparés les uns des autres, mais qui rouleront quand même pour former un doux bord naturel. Les profonds rouge et vert foncé font une étonnante rose classique.

Ce corsage simple donne au sac un accent féminin et sophistiqué aux couleurs vives. Les feuilles du corsage sont formées en utilisant une variété d'augmentations et de diminutions : jeté, GGT, 2 m. ens. end. et «gliss., 2 m. ens.end, passer la m. gliss. par-dessus la m. tric.» Voir pages 105-107 pour des instructions détaillées sur ces techniques.

Tricotez votre corsage...
Rose
En utilisant des aiguilles n° 3 (3,25 mm) et du fil A, montez 8 m.
Tric. 10 rg en jers. end., en comm. avec un rg end.
**Prochain rg : Rabattez 6 m., montez 6 m. 8 mailles
Tric. 10 rg en jers. end.
Rép. à partir de ** 7 fois
Rabattez.

Feuilles (En faire deux)
En utilisant des aiguilles n° 3 (3,25 mm) et du fil B, montez 3 m. et tric. 1 rg env.
1er rg : ENVERS. Tric. 1 m. end. ; jeté ; 1 m. end. ; jeté ; 1 m. end. 5 mailles.
2e rg et chaque rg envers suivant : tric. envers.
3e rg : 2 m. end. ; jeté ; 1 m. end. ; jeté ; 2 m. end. 7 mailles
5e rg : 3 m. end. ; jeté ; 1 m. end. ; jeté ; 3 m. end. 9 mailles
7e rg : GGT ; 5 m. end. ; 2 m. ens. end. ; 7 mailles
9e rg : GGT ; 3 m. end. ; 2 m. ens. end. ; 5 mailles
11e rg : GGT ; 1 m. end. ; 2 m. ens. end. ; 3 mailles
13e rg : gliss., 2 m. ens.end, passer la m. gliss. par-dessus la m. tric. 1 maille.
Coupez le fil et enfilez-le à travers la maille restante.

Pour terminer...
Ne pressez pas la rose ni les feuilles. Formez la rose en la roulant du centre vers l'extérieur. Joignez avec quelques points à travers toutes les épaisseurs à la base. Cousez les deux feuilles d'un côté ou de l'autre, à la base. Cousez la broche. Attachez-la au sac.

SECRETS DE CONFECTION RÉVÉLÉS...
Parce que cette rose utilise si peu de fil, c'est une façon idéale d'utiliser n'importe quel restant de fils que vous avez. Ça ne prend pas beaucoup de temps à faire, ainsi vous pourriez en tricoter plusieurs pour essayer différentes combinaisons de fils avant de passer à un projet plus grand. Essayez cette rose avec une couleur plus pâle, comme pêche pâle ou rose poudre, pour une fleur plus romantique. Fabriquée en soie, elle serait plus brillante et plus douce. Vous pourriez utiliser un fil de mélange de mohair pour la rose, et contraster avec un ruban en viscose brillant pour les feuilles.

Élégants convertibles

Les sacs à dos sont formidablement pratiques ; ils laissent vos mains libres, sont faciles et confortables à porter et contiennent beaucoup. Mais l'aspect pratique n'écarte pas l'élégance et les sacs à dos peuvent convenir aussi bien pour un style chic de la ville ou détendu pour la fin de semaine. Celui-ci a également un secret ingénieux : il peut être converti en sac à bandoulière simplement en boutonnant les courroies d'une façon différente (voir le sac à bandoulière *Vie Secrète* (pages 40-41). Vous n'aurez plus à choisir entre un sac à dos pratique et un chic sac à bandoulière !

Ce sac à dos polyvalent peut rapidement être converti en sac à bandoulière sophistiqué en déboutonnant simplement les courroies.

SECRETS DE CONFECTION RÉVÉLÉS…

Ce sac à dos semblerait merveilleusement frais s'il était fabriqué en coton pour un sac de plage. Vous pourriez utiliser le coton mat bleu jean ou en lin naturel pour créer une apparence classique. Ajoutez une touche personnelle en cousant des perles ou des coquillages sur la poche. pour une version d'hiver, vous pourriez essayer un fil bouclé ou Icelandic Lopi pour un tissu épais et robuste ou une laine de tweed pour sa couleur riche et profonde.

ACCENT SUR LE FIL

Le point de jersey simple est le tissu idéal pour exhiber un fil autorayé ou multicolore. J'ai choisi celui-ci parce qu'il est texturé et coloré ; il présente des effets de couleur brillants, des torsades de fil de soie et la douceur de la laine. J'ai utilisé une pelote à la fois (les fabricants recommandent généralement d'utiliser alternativement deux pelotes) puisque je voulais souligner les rayures et les changements de couleur.

Sac à dos Retour

MESURES
Le sac à dos mesure 12 po (30,5 cm) de long,
12 po (30,5 m) au point le plus large et 4 po
(10 cm) de profondeur à la base

RASSEMBLEZ...
Matériel
4 pelotes de fil de laine moyen (Irlandais)
de 1¾ oz (50 g) autorayé (95 vg / 87 m par
écheveau) dans le bleu/violet/vert

Aiguilles et mercerie
1 paire d'aiguilles n° 7 (5 mm)
Marqueurs de mailles
14 boutons plats de 1 po (2,5 cm)

JAUGE
15 m. et 22 rg aux 4 po (10 cm) mesuré sur jers.
end. (1 rg end.; 1 rg env.)
avec des aiguilles n° 7 (4,5 mm)

La forme évasée de ce magnifique sac texturé est réalisée en diminuant des mailles sur chaque bord. Le rabat est relevé du dos et continue la forme aiguë. Les courroies sont tricotées en point mousse ; c'est un point robuste qui s'étalera bien à plat et gardera sa forme. Il y a une poche spacieuse sur le devant pour une autre touche pratique.

Tricotez votre sac...

Dos
En utilisant des aiguilles n° 7 (4,5 mm), montez 45 m. et tric. 12 rg en jers. end. (1 rg end., 1 rg env.) en comm. avec un rang endroit.
Montez 8 m. au début des 2 prochains rg. 61 mailles.
Cont. en jers. end. ; dim. 1 m. à chaque extrémité de chaque 5ᵉ rg jusqu'à ce que vous obteniez 35 mailles.
Placez des marqueurs sur la 2ᵉ et la 34ᵉ maille du dernier rang.
Prochain rg : *1 m. env. ; 1 m. end. ; rép. à partir de * jusqu'à la fin.
Ce rang forme le point mousse.
Tric. 3 rg de plus en point mousse.
Rabattez selon le motif.

Devant
Tric. comme pour le dos, en omettant les marqueurs.

Rabat
Avec l'endroit face à vous et en utilisant des aiguilles n° 7 (4,5 mm), relevez et tric. 33 m. end. entre les marqueurs du dos.
Prochain rg : ENVERS (1 m. end., 1 m. env.) deux fois ; 1 m. end. ; env. jusqu'à ce qu'il reste 5 mailles, (1 m. end., 1 m. env.) 2 fois ; 1 m. end.
Prochain rg : (1 m. end. ; 1 m. env.) deux fois ; tric. end. jusqu'à ce qu'il reste 4 m. ; (1 m. env., 1 m. end.) deux fois.
Ces 2 rangs forment les bords en point mousse et le jers. end.
Tric. 7 rg de plus selon le motif.
** Dim. le rg ENDROIT (1 m. end., 1 m. env.) deux fois ; GGT ; tric. end. jusqu'à ce qu'il reste 6 m. ; 2 m. ens. end. ; (1 m. env., 1 m. end.) deux fois.
Tric. 4 rangs selon le motif.
Dim. le rang ENVERS (1 m. end., 1 m. env.) deux fois ; 2 m. ens. end. ; tric. 3 m. env. jusqu'à ce qu'il reste 6 m. ; GGT ; (1 m. env., 1 m. end.) deux fois.

Tric. 4 rangs selon le motif.
Rép. à partir de ** encore deux fois. 21 mailles.
Dim. le rang ENDROIT (1 m. end., 1 m. env.) deux fois ; GGT ; tric. end. jusqu'à ce qu'il reste 6 m. ; 2 m. ens. end. ; (1 m. env., 1 m. end.) deux fois.
Tric. 1 rang selon le motif.
Rang de la boutonnière (1 m. end., 1 m. env.) 4 fois ; 1 m. end. ; jeté ; 2 m. ens. end. ; (1 m. env., 1 m. end.) 4 fois.
Tric. 3 rangs au point mousse.
Rabattez selon le motif.

Poche
En utilisant des aiguilles n° 7 (4,5 mm), montez 23 m. et tric. 4 rg en jers. end., en comm. avec un rg end.
Montez 3 m. au début des 2 prochains rg. 29 mailles
Cont. en jers. end. jusqu'à ce que la poche mesure 4½ po (11,5 cm) à partir du début et en finissant avec un rang end.
Tric. 4 rangs au point mousse.
Rabattez selon le motif.

Rabat de la poche
En utilisant des aiguilles n° 7 (4,5 mm), montez 23 m. et tric. 3 rg au point mousse.
Rg boutonnière : Tric. 5 m. selon le motif ; 1 jeté ; 2 m. ens. end. ; tric. selon le motif jusqu'à ce qu'il reste 6 m. ; 1 jeté ; 2 m. ens. end. ; tric. 4 m. selon le motif.
Tric. 1 rg selon le motif
Prochain rg : ENDROIT (1 m. end., 1 m. env.) deux fois, tric. end. jusqu'à ce qu'il reste 4 m. ; (1 m. env., 1 m. end.) deux fois.
Prochain rg : 1 m. end. ; 1 m. env. ; 1 m. end. ; env. jusqu'à ce qu'il reste 3 m. ; 1 m. end. ; 1 m. env. ; 1 m. end.
Rép. ces 2 rg jusqu'à ce que le rabat de la poche mesure 3 po (7,5 cm) à partir du début.
Rabattez.

Bandoulières (en faire 2)

En utilisant des aiguilles n° 7 (4,5 mm), montez 5 m.

Tric. 4 rg au point mousse.

Rg boutonnière : 1 m. end. ; 1 m. env. ; 1 jeté ; 2 m. ens. end. ; 1 m. end.

Tric. 9 rg selon le motif.

Tric. le rg boutonnière encore une fois.

Rép. les derniers 10 rg une autre fois.

Cont. au point mousse jusqu'à ce que la bandoulière mesure 29 po (74 cm) à partir du début. Rabattez selon le motif.

Pour terminer…

Cousez toutes les extrémités. Pressez selon les instructions sur l'étiquette de la pelote. Joignez les coutures de coin de la poche. Placez un marqueur dans la maille du centre du devant à 3 po (7,5 cm) au-dessus du bord monté. Comptez 11 mailles de chaque côté de cette maille du centre et placez des marqueurs. Cousez la poche en place entre ces marqueurs. Cousez le rabat de la poche au-dessus de la poche pour que la couture soit cachée lorsque le rabat est fermé. Cousez des boutons sur la poche vis-à-vis les boutonnières. Joignez les coutures de côté et du fond. Placez la couture de côté le long de la couture du fond et joignez les coutures de coin. Tournez le sac à dos pour que le dos soit face au rabat sur le haut. Étalez une courroie à l'envers sur le dos pour que l'extrémité sans les boutonnières soit à 1 po (2,5 cm) sous le rabat et que la courroie soit alignée avec le bord du rabat. Cousez solidement en place. Cousez l'autre courroie sur le côté opposé. Utilisez les boutonnières sur la courroie à titre de guide pour l'espacement, cousez trois boutons sur l'envers en ligne avec chaque coin et trois boutons sur l'endroit de chaque courroie sur le haut. Boutonnez les extrémités des courroies aux boutons à la base en ajustant la longueur tel que requis en utilisant trois, deux ou un bouton. Convertissez le sac à dos en sac à bandoulière (voir pages 40-41).

L'utilisation de fil autorayé pour ce sac à dos transforme le difficile travail de création en quelque chose de délicieusement coloré. Les gros boutons ajoutent une autre touche amusante.

Sac à bandoulière
Vie secrète

Il y a quelque chose de très satisfaisant à propos des sacs polyvalents, comme avec ce sac à dos qui peut être converti en sac à bandoulière sophistiqué juste en reboutonnant les courroies. Cette version est tout aussi grande, et la jolie forme évasée est accentuée si l'on omet la poche. Les courroies peuvent être allongées ou raccourcies selon l'utilisation que l'on veut faire du sac.

MESURES

Le sac à bandoulière mesure 12 po (30,5 cm) de long, 12 po (30,5 cm) au point le plus large et 4 po (10 cm) de profond à sa base

RASSEMBLEZ...
Matériel

A 4 pelotes de fil moyen (Irlandais) de 1¾ oz (50 g) en mélange de laine bouclée (76 vg / 70 m par pelote), brun foncé
B 3 pelotes de fil léger (DK) de 1¾ oz (50 g) (131 vg/ 120 m par pelote), brun foncé

Aiguilles et mercerie

1 paire d'aiguilles n° 7 (4,5 mm)
14 boutons plats de 1 po (2,5 cm)

JAUGE

15 m. et 22 rg aux 4 po (10 cm) mesuré sur jers. end. (1 rg end., 1 rg env.) avec des aiguilles n° 7 (4,5 mm) et les fils A et B tenus ensemble

Note : Deux fils sont utilisés ensemble pour faire un fil plus épais. Assurez-vous que vous travaillez avec les deux brins à chaque maille.

Tricotez votre sac...
Dos, devant, rabat et courroies

Travaillez comme pour le sac à dos Retour, en utilisant les fils A et B tenus ensemble.

Pour terminer...

Travaillez comme pour le sac à dos. Pour une finition plus simple, vous pourriez omettre la poche comme je l'ai fait ici.

Pour l'utiliser comme un sac à bandoulière, tordez une courroie et boutonnez-la à l'autre avec les boutons supérieurs en ajustant la longueur comme désiré en utilisant trois, deux ou un bouton. Tordez la deuxième courroie et boutonnez-la aux boutons du haut.

ACCENT SUR LE FIL

Le sac n'est pas doublé, donc j'ai eu besoin d'utiliser un tissu épais pour le sac pour qu'il garde sa forme. J'ai voulu utiliser un fil de style astrakan, mais j'ai constaté que c'était trop mou pour être utilisé seul. En le mélangeant avec une laine (DK) légère, j'ai produit un tissu merveilleusement dense et riche. Le brun foncé du fil de laine est ponctué de torsions du fil astrakan, le plus roux.

SECRETS DE CONFECTION RÉVÉLÉS...

Vous pouvez créer un tissu dense en travaillant avec un fil épais sur des aiguilles plus petites que celles recommandées sur l'étiquette de la pelote. Utilisez un fil épais ou faites un mélange de fils jusqu'à ce que vous atteigniez cette grosseur de fil. Tricotez un échantillon d'abord et ajustez vos aiguilles pour réaliser la jauge appropriée. Essayez de travailler deux textures ensemble comme je l'ai fait ; utilisez une laine lisse avec un fil flammé ou un ruban à enfiler alternativement avec un fil gros et fin.

Pensez soigneusement à quels boutons utiliser ; ici, j'ai choisi des boutons avec un bel éclat et un lustre qui ressortent de la couleur foncée et riche du tissu.

Feuilles d'automne

Ce sac de style « petite trousse » a une forme délicieusement élégante. Il est fabriqué avec un tissu chaud et confortable composé de laine verte de tweed avec des stries de couleurs ardentes travaillées avec une maille contrastante. Le sac a été foulé, ce qui produit une belle texture dense. Les couleurs contrastantes sont prononcées et pourtant subtiles. C'est un sac plein de détails qui soulève de l'intérêt tout en conservant une sobre élégance.

Ce sac a une forme merveilleusement compacte et le motif vous permet d'expérimenter avec les couleurs et les tons.

ACCENT SUR LE FIL

Cette belle laine verte de tweed a des mouchetures orange et jaunes, et présente aussi des verts plus sombres. Ces mouchetures m'ont inspirée à ajouter les stries de couleur orange flamboyant ; elles contrastent avec le vert, mais ajoutent aussi une touche saisonnière au tissu fini. J'ai utilisé des laines à tapisserie pour les couleurs contrastantes. Si vous utilisez seulement une petite quantité de couleurs, les laines à tapisserie sont idéales. Elles sont disponibles dans une telle gamme de couleurs que je savais que je serais capable de trouver un vaste choix d'orange et de rouille.

SECRETS DE CONFECTION RÉVÉLÉS...

Si vous prévoyez fouler le sac, vous devriez utiliser un fil 100 % laine. Pas besoin que ce soit un fil tweed ; vous pourriez aussi utiliser une simple couleur unie. Au lieu d'utiliser des couleurs contrastantes pour les stries, vous pourriez essayer une nuance complémentaire. Utilisez du bleu comme couleur principale et vert pour les stries ; ou encore rose foncé et rose clair ; ou violet et mauve. Vous pourriez aussi décider de ne pas fouler le sac ; le point du modèle est si tridimensionnel qu'il se travaille tout aussi bien non foulé. Tricotez-le plutôt avec un fil de denim ou de lin pour une allure estivale.

Feuilles d'automne

MESURES

Avant le foulage – 12½ po (32 cm) de large
et 6½ po (16,5 cm) de long, de la base à
la fermeture à glissière
Après le foulage – 11½ po (29 cm) de large
et 6 po (15 cm) de long

RASSEMBLEZ...

Matériel

A 2 pelotes de fil de laine de tweed léger (DK) de
1¾ oz (50 g) (123 vg / 113 m par pelote), vert
avec des mouchetures orange et jaunes
B 6 écheveaux de 8 m de laine à tapisserie en
roux foncé, orange, orange pâle, jaune-orange
foncé, rouille, rouille pâle

Aiguilles et mercerie

Aiguilles circulaires n° 6 (4mm) 24 po
(60 cm) de long
1 paire d'aiguilles n° 6 (4 mm)
Marqueurs de mailles
Fermeture à glissière – mesurez la longueur
de l'ouverture après le foulage.

JAUGE

20 m. et 28 rg aux 4 po (10 cm) mesuré sur jers.
end. avec des aiguilles n° 6 (4 mm)

Abréviations spéciales

Gliss.2 (4) env. f. derr.
Glissez 2 (4) mailles envers avec le fil
derrière l'ouvrage.

---

*Note : B est utilisé pour indiquer les couleurs
contrastantes. Utilisez-en une pour chaque
jeu de 4 rg circulaires selon le motif en les
choisissant au hasard. Lorsque vous glissez
des mailles, portez le fil lâchement à l'arrière de l'ouvrage. Ne serrez pas trop.*

Le modèle de point utilisé pour ce sac est le point de boutonnière invisible (des instructions complètes pour ce point sont fournies ci-dessous). C'est une bonne façon
d'introduire la couleur et la texture sans devoir travailler avec plus d'un fil à la fois. Le
sac est tricoté sur des aiguilles circulaires, transférant au tricot plat pour la formation
des bords supérieurs. Le bord courbé est fait en rabattant et diminuant des mailles. Le
sac est fermé avec une fermeture à glissière insérée après le foulage (voir page 111).

Tricotez votre sac...

Arrière et devant (travaillés en une seule pièce)
En utilisant des aiguilles circulaires n° 6 (4 mm) et le fil A,
montez 128 m.
Répartissez les mailles également autour de l'aiguille en vous
assurant que le bord monté soit face vers l'intérieur et ne soit
pas tordu. Placez un marqueur sur l'aiguille droite (il indique
le début de chaque rang circulaire et est glissé sur chaque rg
circulaire) ; rapprochez les 2 aiguilles ensemble et tric. env. la
1re maille sur l'aiguille gauche, en tirant le fil vers le haut pour
prévenir un espace vide. Cont. de tric. env. chaque m. montée
jusqu'à ce que vous atteigniez le marqueur.
Tric. env. 9 rg additionnels.
Commencez avec les mailles boutonnières invisibles.
**1er rg circulaire : En utilisant le fil B, tric. 2 m. end. ; gliss.
14 m. avec le fil à l'arrière ; *4 m. end. ; gliss. 14 m. avec le
fil à l'arr. ; rép. à partir de * jusqu'à ce qu'il reste 2 m. Tric.
2 m. end.
Rép. ce rg circulaire 3 fois de plus.
5e rg circulaire : Avec le fil A, tric. 2 m. end. ; 4 m. env. ;
*4 m. end., 4 m. env. ; rép. à partir de * jusqu'à ce qu'il reste
2 m. ; 2 m. end.
Avec le fil A, tric. 3 rg env.
9e rg circulaire : Avec le fil B, gliss. 12 m. avec le fil à l'arr. ;
4 m. end. ; *gliss. 14 m. avec le fil à l'arr. ; 4 m. end. ; rép. à
partir de * jusqu'à ce qu'il reste 2 m. ; gliss. 12 m. avec le fil
à l'arr.
Rép. ce rg circulaire 3 fois de plus.
13e rg circulaire : Avec le fil A, tric. 2 m. env. ; 4 m. end. ;
*4 m. env., 4 m. end. ; rép. à partir de * jusqu'à ce qu'il reste
2 m. ; 2 m. env.
Avec le fil A, tric. 3 rg circulaires env.**
Rép. de ** à ** deux fois de plus.

Façonnez le haut

Prochain rg : Tric. 24 m. env. ; rabattez 16 m. ; tric. 48 m. env. (incluant la dernière maille utilisée pour le rabattage) ; rabattez 16 m. ; tric. 24 m. env. ; enlever le marqueur ; tric. 24 m. env. et tournez.

À partir d'ici, utilisez l'aiguille circulaire comme vous le feriez avec les aiguilles droites — travaillant vers l'arrière et vers l'avant, tournant à la fin de chaque rg.

**En travaillant sur les 48 premières mailles, rabattez 6 m. au début des prochains 2 rg et 5 m. au début des 2 rg suivants. Placez les marqueurs à chaque extrémité du dernier rang. Rabattez 4 m. au début des prochains 2 rg. Vous obtiendrez 18 mailles.

Dim. 1 m. à chaque bout de chaque rg jusqu'à ce qu'il reste 8 mailles ; terminez avec un rg env. Rabattez.

Avec l'envers de l'ouvrage face à vous, joignez le fil au 48 m. rest. et tric. env. jusqu'à la fin ; tournez.

Travaillez comme pour le premier côté à partir de **.

Courroie

En utilisant des aiguilles n° 6 (4 mm) et le fil A, montez 10 m. Travaillez 24 po (61 cm) en jers. end. (1 rg end., 1 rg env.), en finissant avec un rang env.
Rabattez.

Pour terminer...

Cousez toutes les extrémités de fil. Étalez le sac bien à plat, avec le début du bord monté sur un côté. Placez un marqueur au pli opposé pour une autre couture de côté. Joignez la couture du fond. pour créer un fond plat, poussez les coins vers l'intérieur et, sur l'envers, cousez à travers le point à 1 po (2,5 cm) du bout. Joignez les bords courbés ensemble à partir des mailles rabattues vers le bas jusqu'aux marqueurs.

Foulage

Lisez les instructions de la page 111. Tournez le sac à l'envers. Pour conserver une certaine profondeur dans la maille boutonnière invisible, foulez le sac jusqu'à ce que les mailles commencent juste à se fondre les unes dans les autres. Continuez à tirer les brins du fil B du tissu de fond. Foulez davantage la courroie pour que les points disparaissent et que le tissu devienne pelucheux. Continuez de tirer les bords afin qu'ils ne roulent pas ensemble. Séchez tel qu'indiqué et introduisez un moule dans le sac pour lui donner une forme de boîte.

Mesurez la longueur désirée pour la poignée, plus 2 po (5 cm) de chevauchement (le tissu foulé ne s'effilera pas une fois coupé). Ma courroie a une longueur finale de 20 po (51 cm). Placez une extrémité sur le côté du sac sur l'endroit. Cousez en place. Cousez l'autre bout pareil à l'autre. Cousez la fermeture à glissière le long des bords courbés (voir page 117).

Jolie dentelle

Ce joli sac féminin est idéal pour une occasion spéciale. On peut le tricoter avec du fil de coton crème pour les journées chaudes de l'été ou le transformer en un sac éblouissant pour la soirée, simplement en changeant la couleur et la courroie (voir page 49). La beauté et la finesse de la dentelle ne semblent pas convenir aux sacs, lesquels sont souvent exposés à l'usure. Cependant, l'addition d'une doublure donne au sac assez de robustesse pour le rendre utilisable tandis qu'elle sert aussi à mettre en évidence la complexité et l'ouverture des points de dentelle. Ces sacs sont idéals si vous êtes débutante dans le tricot de dentelle ; ils ne sont pas très grands et ne prendront donc pas beaucoup de temps à tricoter.

Créez une version sophistiquée pour la soirée ; utilisez simplement une couleur plus sombre et plus élégante, et échangez le cordon tricoté pour une bandoulière en ruban soyeux.

ACCENT SUR LE FIL

La dentelle semble toujours mieux réalisée dans un fil de coton léger ; j'ai donc opté pour un fil léger (4 brins) de couleur crème. Ce fil plus mince nécessite de plus nombreux points et plus de répétitions de la dentelle. La pureté de la couleur et la nette définition des mailles permettent aux détails du modèle compliqué de dentelle d'être clairement observés. Vous pouvez aussi créer une apparence sophistiquée de soirée avec une laine de tweed de couleur pourpre vibrante et profonde (voir page 49 pour les instructions).

SECRETS DE CONFECTION RÉVÉLÉS…

Un facteur important ici est la couleur de la doublure, laquelle est utilisée comme revers pour mettre en évidence les trous dans la dentelle. La couleur de la dentelle et la couleur de la doublure doivent s'harmoniser parfaitement. J'ai pensé que la combinaison de crème et de vert serait très fraîche pour l'été. Comme deuxième alternative pour une apparence estivale, vous pourriez utiliser un fil de soie turquoise pâle avec une doublure framboise ou un fil de lin couleur terre naturelle avec une doublure de lin naturel.

Petite douceur d'été

MESURES

Le sac terminé mesure 20 po (51 cm) de
circonférence et 9 po (23 cm) de haut

RASSEMBLEZ...

Matériel

1 pelote de fil léger de coton (4 brins)
de 3½ oz (100 g),
(370 vg / 338 m par pelote), couleur crème

Aiguilles et mercerie

1 paire d'aiguilles n° 3 (3,25 mm)
2 aiguilles double-pointe n° 3 (3,25 mm)
Doublure de 24 po (51 cm) x 10 po (25,5 cm)

JAUGE

2 répétitions de motif de dentelle (20 m.) mesuré
3½ po (9 cm) avec des aiguilles n° 3 (3,25 mm);
32 rg aux 4 po (10 cm) mesuré sur motif
de dentelle

Ce sac est travaillé dans un modèle facile de dentelle avec une répétition de huit rangs. Les grands trous sont faits en faisant 3 jetés (voir page 106) autour de l'aiguille et ensuite en y tricotant 5 mailles. Les plus petits trous sont formés par deux jetés ensemble et un jeté de plus. La dentelle est travaillée seulement sur les côtés du sac ; les mailles sont relevées et ensuite diminuées pour former une base circulaire plate.

Tricotez votre sac...

En utilisant des aiguilles n° 3 (3,25 mm), montez 169 m. lâches et tric. 1 rg envers.

1er rg : ENDROIT, tric. 1 m. end. ; *GGT, 9 m. end. ; 2 m. ens. end. ; 1 m. end. ; rép. à partir de * jusqu'à la fin. 145 m.

2e rg : 1 m. env. ; *2 m. ens. env. ; 7 m. env. ; glis. glis. env. ; 1 m. env. ; rép. à partir de * jusqu'à la fin. 121 m.

3e rg : 1 m. end. ; GGT, 2 m. end. ; (1 jeté) trois fois ; 3 m. end. ; 2 m. ens. end. ; 1 m. end. ; rép. à partir de * jusqu'à la fin. 133 m.

4e rg : 1 m. env. ; 2 m. ens. env. ; 2 m. env. ; (1 m. end., 1 m. env., 1m. end., 1 m. env., 1 m. end.) en 3 jetés ; 1 m. env. ; glis., glis., 1 m. env. ; 1 m. env. ; rép. à partir de * jusqu'à la fin. 133 m.

5e rg : 1 m. end. ; *GGT ; 6 m. end. ; 2 m. ens. end. ; 1 m. end. ; rép. à partir de * jusqu'à la fin. 109 m.

6e rg : 1 m. env. ; *2 m. ens. env. ; 7 m. env. ; rép. à partir de * jusqu'à la fin. 97 m.

7e rg : 1 m. end. ; *2 m. end. ; 1 jeté ; 1 m. end. ; (1 jeté) deux fois ; 1 m. end. ; (1 jeté) 2 fois ; 1 m. end. ; 1 jeté ; 3 m. end. ; rép. à partir de * jusqu'à la fin. 169 m.

8e rg : 1 m. env. ; *2 m. env. ; env. dans 1 jeté ; 1 m. env. ; (1 m. end., 1 m. env.) dans 2 jetés ; 1 m. env. ; (1 m. end., 1 m. env.) dans 2 jetés ; 1 m. env. ; 1 m. env. dans un jeté ; 2 m. end. ; rép. à partir de * jusqu'à la fin. 169 m.

Ces 8 rangs forment le motif de dentelle. Répétez ces 8 rangs 7 fois de plus.

Tric. 2 rg end.

Rang de rabattage en picot Rabattez 2 m. en picot ; *montez 2 m. ; rabattez 5 m. en picot ; rép. à partir de * jusqu'à la fin.

Rentrez les bouts de fil. À l'aide d'épingles, étirer le sac afin qu'il mesure 20 po (51 cm) de large et 9 po (23 cm) de haut. Épinglez le bord inférieur pour qu'il soit droit, mais laissez le bord supérieur en points. Traitez doucement à la vapeur, selon les instructions sur l'étiquette de la pelote. Lorsque le sac est sec, enlevez les épingles.

Base

Avec l'endroit du travail face à vous et à l'aide d'aiguilles n° 3 (3,25 mm), relevez et tric. 169 m. également autour du bord monté du sac.

1er rang et chaque rang envers suivant, tric. env.

2e rg : 1 m. end. ; (GGT, 12 m. end.) 12 fois. 157 m.

4e rg : 1 m. end. ; (GGT, 11 m. end.) 12 fois. 145 m.

6e rg : 1 m. end. ; (GGT, 10 m. end.) 12 fois. 133 m.

8e rg : 1 m. end. ; (GGT, 1 m. end.) 12 fois. 121 m.

Cont. à dim. en travaillant 1 m. de moins entre chaque dim. jusqu'à ce que vous obteniez 13 m.

Coupez le fil et enfilez à travers les m. restantes. Tirer fermement et arrêtez les m.

Cordon/bandoulière

En utilisant des aiguilles double-pointe n° 3 (3,25 mm) montez 5 m.

Tric. 1 rg endroit. Ne tournez pas l'ouvrage, mais glissez les mailles sur l'autre extrémité de l'aiguille. Tirer le fil et tric. les m. end. encore. Répétez jusqu'à ce que le cordon mesure 42 po (106,5 cm). Rabattez (voir page 121 pour plus d'information sur comment tricoter des cordons.)

Pour terminer...

Pressez la base selon les instructions sur l'étiquette de la pelote.

Doublure

Coupez une pièce de tissu à doublure de 9¼ po (23,5 cm) de long par 23½ po (59,5 cm) de large. Faites un ourlet sur chaque côté en pliant à ⅞ po (1,5 cm) et le repliant de nouveau. Faufilez les ourlets temporairement en utilisant de grands points devant dans un fil contrastant. Pressez et cousez soigneusement autour de chaque bord. Enlevez le faufilage. Placez l'endroit de la doublure sur l'envers du sac. Fixez avec des mailles coulées le bas de la doublure sur le bord monté et le dessus de celle-ci sur le rang au début de la 7e répétition du motif, laissant une maille libre sur chaque bord de la couture de côté. Joignez les coutures de côté de sac. Fermez avec des m. coulées la couture de côté de la doublure. Enfilez le cordon à travers les grands trous dans la 7e répétition du motif. Joignez les extrémités du cordon.

MESURES

Le sac fini mesure 20 po (51 cm) de circonférence
et 9 po (23 cm) de haut

RASSEMBLEZ...

Matériel

3 pelotes de ⅞ oz (25 g) de fil de laine de tweed
léger (4 brins) (120 vg / 110 m par pelote), violet

Aiguilles et mercerie

1 paire d'aiguilles n° 3 (3,25 mm)
Doublure 24 po (61 cm) x 10 po (25,5 cm)
Ruban de satin de 42po (106,5 cm) long x ⅞ po
(1,5 cm) large

JAUGE

2 rép. du motif de dentelle (29 m.) mesure 3½ po
(9 cm) avec des aiguilles n° 3 (3,25 mm);
32 rangs aux 4 po (10 cm) mesuré sur motif
de dentelle

Cette version sophistiquée du sac de soirée est tricotée de la même manière, mais est totalement transformée par les choix de fils et de couleurs. Pour continuer sous le thème de l'élégance, ce sac est fini avec une bandoulière de ruban plutôt qu'un cordon tricoté.

Tricotez votre sac...

Travaillez comme pour le sac Petite douceur d'été, en omettant la bandoulière à cordon.

Pour terminer...

Enfilez le ruban à travers les grands trous dans la 7ᵉ répétition du motif. Cousez les extrémités ensemble.

SECRETS DE CONFECTION RÉVÉLÉS...

Optez pour des couleurs opulentes et profondes pour la version soirée de ce sac. Essayez un fil de soie dans une couleur profonde de canneberge, contrastée avec un tissu d'or pour la doublure. Un riche fil de chenille bleu mat contrasterait merveilleusement avec une doublure de bronze satiné.

La technique spéciale de rabattage utilisée pour ce sac crée un bord de picot, c'est-à-dire les extrémités pointues autour du haut. Ceci aide à compléter l'apparence délicate de dentelle du sac.

ACCENT SUR LE FIL

Pour faire une version de soir de ce sac, j'ai choisi une fantastique laine de tweed violet profond qui change entièrement la sensation de la dentelle. Ceci ramène vraiment le modèle de dentelle à ses racines, puisque c'est une adaptation d'un motif écossais traditionnel de châle en laine; j'ai ajouté des trous plus grands pour exposer le merveilleux tissu en soie du dessous.

Sacs pour ceintures

Ceci est un sac extravagant et pratique, parfait pour vos déplacements rapides en ville. Sa conception astucieuse vous permet de le boutonner à votre ceinture, laissant vos mains libres. Sa forme courbée épousera confortablement votre corps, et les poches utiles sont assez profondes pour contenir votre portable et votre portefeuille. Les boutonnières sur les courroies permettent au sac d'être facilement enlevé de la ceinture et converti intelligemment en un sac à main décontracté (voir pages 54-55).

L'ajout de poches utiles est parfaite pour transporter votre portable ainsi que tous vos items essentiels.

SECRETS DE CONFECTION RÉVÉLÉS…

Vous pourriez travailler ce sac avec un fil de denim pour agencer à vos jeans ; il se décolorera et vieillira de la même manière. Mais rappelez-vous que certains de ces fils rétrécissent lorsqu'ils sont lavés, ainsi votre sac deviendra légèrement plus petit. Autrement, tricotez-le en noir ou en brun sophistiqué pour une apparence simple et élégante.

ACCENT SUR LE FIL

Parfois vous êtes tentée de choisir des fils pour leur couleur ; parfois pour leur fibre (laine, coton, soie, etc.) et parfois pour leur texture (fourrure, bouclé, flammé, etc.). J'ai choisi ce fil pour sa couleur ; je voulais un vert kaki et ceci s'est avéré être la nuance parfaite. Ce fil a aussi une texture rugueuse ; la couleur n'est pas accentuée, mais contient des reflets clairs et foncés. Comme alternative au vert kaki, j'ai choisi un rose audacieux pour le sac à main Mains Libres (voir pages 54-55), pour créer une apparence plus douce, plus féminine.

Regardez, sans les mains !

MESURES
Le sac fini mesure 9½ po (24 cm) de large et
5½ po (14 cm) de haut, du fond à la fermeture
à glissière

RASSEMBLEZ...
Matériel
3 pelotes de fil léger (DK) de 1¾ oz (50 g)
composé d'un mélange de viscose/angora
(137 vg / 125 m par pelote), vert kaki

Aiguilles et mercerie
1 paire d'aiguilles n° 3 (3,25 mm)
Arrête-mailles
Marqueurs de mailles
Fermeture à glissière de 8 po (20,5 cm)
Boutons de ¾ po (2 cm) de diamètre

JAUGE
26 m. et 37 rg aux 4 po (10 cm) mesuré sur jers.
end. avec des aiguilles n° 3 (3,25 mm)

Ce sac à la mode et un peu garçon est parfait pour une apparence décontractée. La partie principale du sac est travaillée en simple point jersey ; l'ajout des poches et des boutons lui donne de l'allure et augmente l'aspect pratique du sac. Sa forme simple donne au sac un bord courbé qui s'ajustera bien à votre corps. L'addition d'une fermeture à glissière (voir page 117) permettra à vos biens de rester en sûreté à l'intérieur du sac tandis que vous parcourez la ville !

Tricotez votre sac...
Dos et devant (en faire 2)
En utilisant des aiguilles n° 3 (3,25 mm), montez 36 m.
Tric. 1 rg envers.
Travaillez en jers. end. (1 rg end., 1 rg env.) ; aug. 1 m. à chaque extrémité des prochains 7 rg. 50 m.
Tric. 1 rg envers.
Aug. 1 m. à chaque extrémité du prochain et de chaque rg suivant alternatif. 60 m.
Cont. en jers. end. jusqu'à ce que le sac mesure 5½ po (14 cm) à partir du début, en terminant avec un rang envers.

Formez le dessus et la bandoulière
Prochain rg : Tric. 19 m. end. ; 2 m. ens. end. et tournez.
Travaillez sur ces 20 mailles seulement, dim. 1 m. au début et au même bord des prochains rangs. 14 m.
Tric. 1 rg envers.
**Dim. 1 m. au bord formé sur le prochain et chaque rg alternatif jusqu'à ce que vous obteniez 9 mailles.
Cont. en jers. end. sans former jusqu'à ce que la bandoulière mesure 3½ po (9 cm) à partir de la dernière diminution, en finissant avec un rg envers.
1er rang boutonnière : Tric. 3 m. end. ; rabattez 3 m. ; tric. end. jusqu'à la fin.
2e rang boutonnière : Tric. 3 m. env. ; montez 3 m. ; tric. env. jusqu'à la fin.
Cont. en jers. end. jusqu'à ce que la bandoulière mesure 5 po (12,5 cm) à partir de la dernière diminution, en finissant avec un rang env.
Rabattez.**
Avec l'endroit du travail face à vous, gliss. 18 m. sur un arrête-mailles, joignez le fil, GGT ; tric. end. jusqu'à la fin. 20 m.
Dim. 1 m. à la fin du prochain rg et au même bord des 5 prochains rg. 14 m.
Tric. 1 rg envers.
Travaillez comme pour la première bandoulière à partir de ** jusqu'à **.

Grande poche
En utilisant des aiguilles n° 3 (3,25 mm), montez 35 m.
Tric. 4 rg end.
Travaillez en jers. end., en comm. avec un rg env., jusqu'à ce que la poche mesure 3 po (7,5 cm) à partir du début, en finissant avec un rang envers.

Formez les coins
Rabattez 5 m. au début des 2 prochains rg. 25 m.
Travaillez ¾ po (2 cm) en jers. end., en finissant avec un rg env.
Rabattez.

Rabat
En utilisant des aiguilles n° 3 (3,25 mm), montez 25 m.
Tric. 4 rg end.
Prochain rg : Tric. 3 m. end. ; 19 m. env. ; 3 m. end.
1er rg boutonnière : Tric. 4 m. end. ; rabattez 3 m. ; tric. end. jusqu'à ce qu'il reste 7 m. ; rabattez 3 m. ; tric. end. jusqu'à la fin.
2e rg boutonnière : Tric. 3 m. end. ; montez 3 m. ; 11 m. env. ; montez 3 m. ; 1 m. env. ; 3 m. end.
Prochain rg : Tric. end. jusqu'à la fin.
Prochain rg : Tric. 3 m. end. ; 19 m. env. ; 3 m. end.
Rép. les 2 derniers rg jusqu'à ce que le rabat mesure 2¼ po (5,5 cm) à partir du début, en finissant avec un rg env.
Rabattez.

Poche pour portable
En utilisant des aiguilles n° 3 (3,25 mm), montez 25 m.
Tric. 4 rg end.
Travaillez en jers. end., en comm. avec un rg env., jusqu'à ce que la poche mesure 4 po (10 cm) à partir du début, en finissant avec un rg env.

Formez les coins
Rabattez 5 m. au début des 2 prochains rg. 15 m.
Travaillez ¾ po (2 cm) en jers. end., en finissant avec un rg env.
Rabattez.

Rabat

En utilisant des aiguilles n° 3 (3,25 mm), montez 15 m.
Tric. 4 rg end.

Prochain rg : Tric. 3 m. end. ; 9 m. env. ; 3 m. end.

1er rg boutonnière : Tric. 6 m. end. ; rabattez 3 m. ; tric.
end. jusqu'à la fin.

2e rg boutonnière : Tric. 3 m. end. ; 3 m. env. ; montez
3 m. ; 3 m. env. ; 3 m. end.

Prochain rg : Tric. end. jusqu'à la fin.

Prochain rg : Tric. 3 m. end. ; 9 m. env. ; 3 m. end.
Rép. les 2 derniers rangs jusqu'à ce que le rabat mesure 2¼ po
(5,5 cm) à partir du début, en finissant avec un rg env.
Rabattez.

Pour terminer...

Cousez soigneusement tous les bouts de fil – les bords finis
paraîtront à l'extérieur du sac. Pressez selon les instructions
sur l'étiquette de la pelote.

Bordure de la fermeture à glissière

Avec l'endroit du dos face à vous, utilisez des aiguilles n° 3
(3,25 mm) et comm. à la dernière dim. ; relevez et tric. 17 m.
end. en bas à droite de la formation de la courroie, gliss. 18 m.
de l'arrête-mailles sur un aiguilles et tric. 18 m. end. ; relevez et
tric. 17 m. au coin supérieur gauche de la formation de la courroie
jusqu'à la dernière diminution. 52 m.
Rabattez à l'endroit.
Travaillez de la même manière la bordure de la fermeture
à glissière sur le devant.

Cousez les coins des poches fermées en plaçant la couture courte
de côté sur les mailles rabattues avec les envers ensemble.
Cousez ensemble en utilisant un net point avant plat. Pour placer
les poches, étalez le devant bien à plat. Placez les marqueurs
10 mailles à l'intérieur de chaque couture de côté. Comptez
15 mailles à l'intérieur du marqueur gauche et placez un autre
marqueur. Comptez 5 rangs vers le haut en partant de la base
et placez un marqueur. Placez l'envers de la poche pour portable
sur l'endroit du devant, en faisant correspondre le bord gauche
à la colonne de mailles marquée par le marqueur de gauche et
la base de la poche au rang de mailles marqué par le marqueur
du bas. À l'aide de points plats avant, cousez le côté gauche de
la poche pour portable à partir du bas jusqu'au bord supérieur.
Cousez le bord droit vers le haut le long de la colonne de mailles
marquée par le marqueur du centre. Ne pas aplatir ni coudre
la poche à plat – elle devrait être tenue loin du devant. Placez
l'envers de la grande poche sur l'endroit du devant, en ajustant
le côté gauche au bord de la poche pour portable et le dessus
avec le bord supérieur de cette même poche.

En utilisant le point avant plat, cousez la grande poche en position.
Enlevez les marqueurs. Placez chaque rabat au-dessus de sa poche
avec l'endroit sur l'envers du devant. Cousez la base de chaque
rabat 2 rangs au-dessus du bord supérieur des poches. Avec les
envers face à face, placez le dos et le devant ensemble. Avec
un point plat avant, cousez la couture extérieure à partir du haut
de la courroie droite autour du bord avec le haut de la courroie
gauche. Cousez ensemble le haut de chaque courroie. Cousez à
partir du haut de la courroie vers le bas jusqu'au début du bord
de la fermeture à glissière de chaque côté. Cousez autour des
boutonnières pour joindre le devant au dos pour ne faire qu'une
boutonnière. Cousez la fermeture à glissière (voir page 117). Pliez
les rabats sur les poches et marquez l'emplacement des boutons.
Cousez les boutons. Avec le devant face à vous, cousez un bouton
sur l'endroit de la courroie droite à 1 po (2,5 cm) au-dessus de la
boutonnière. Cousez un bouton sur l'envers de la courroie gauche
à 1 po (2,5 cm) au-dessus de la boutonnière. Sur le devant,
cousez un bouton dans le centre de chaque courroie en ligne avec
le début de la bordure de la fermeture à glissière. Placez les courroies autour de la ceinture et boutonnez chaque courroie.

Sac à main
Mains libres

MESURES
Le sac fini mesure 9½ po (24 cm) de large et
5½ po (14 cm) de haut, du fond à la fermeture
à glissière

RASSEMBLEZ...
Matériel
3 pelotes de fil léger (DK) rose de 1¾ oz (50 g)
composé d'un mélange d'alpaga/soie
(114 vg / 105 m par pelote)

Aiguilles et mercerie
1 paire d'aiguilles n° 3 (3,25 mm)
Arrête-mailles
Marqueurs de mailles
Fermeture à glissière 8 po (20,5 cm)
Boutons ¾ po (2 cm) de diamètre

JAUGE
26 m. et 37 rg aux 4 po (10 cm) mesuré sur jers.
end. avec des aiguilles n° 3 (3,25 mm)

Ici, nous montrons comment le sac pour ceinture peut être converti en sac à main et est facile à reconvertir à nouveau. Confectionné avec un fil moins structuré et une fabuleuse couleur rose audacieuse, son apparence est plus douce pour un sac utilitaire.

SECRETS DE CONFECTION RÉVÉLÉS...
Ce sac confectionné dans une laine robuste de tweed serait parfait pour assortir avec des chandails épais d'hiver et des écharpes. Pour l'été, vous pourriez utiliser du coton ou du lin dans des nuances pastel. Ajoutez des boutons en bois faits à la main ou peints pour une touche spéciale.

Tricotez votre sac...
Travaillez exactement comme pour le sac Regardez, sans les mains ! Placez les extrémités des courroies l'une sur l'autre et boutonnez-les ensemble.

ACCENT SUR LE FIL
J'ai voulu un contraste avec le superbe fil kaki du sac pour ceinture. L'angora dans ce fil ajoute une apparence mousseuse, tandis que la soie le rend mince et doux. Le chaud rose est magnifique et féminin, mais aussi excentrique et naturel.

Renversé

En denim, il combine un style décontracté et une forme sophistiquée, élégante. Le sac est assez grand et assez robuste pour être utilisé comme un sac de tous les jours, mais, s'il est tricoté dans d'autres fils et coloris, il convient également pour des occasions spéciales. Le motif de papillon ajoute une touche de couleur et d'éclat, et ressort brillamment de la texture dense du sac.

Le motif de papillon en applique ajoute une touche d'élégance à ce joli sac ; les couleurs s'harmonisent agréablement.

SECRETS DE CONFECTION RÉVÉLÉS...

Vous pourriez fabriquer ce sac avec pratiquement n'importe quel fil moyen (irlandais). Choisissez un fil qui a un certain corps ; l'avantage de ce sac est sa capacité de tenir sa forme. Un fil léger comme le mohair ou la soie ne conviendrait pas à ce sac. Par contre, il aurait l'air très chic dans un fil de laine brun intense avec des poignées crème. Vous pourriez aussi le rendre exubérant avec deux cotons de couleurs claires et contrastantes, comme rose et orange. Ajoutez une pièce avec vos initiales ou un assemblage de boutons et de perles pour un résultat unique.

ACCENT SUR LE FIL

Les sacs de bowling sont de robustes sacs de tous les jours et j'ai choisi un fil de denim pour le fabriquer. Il est 100 % coton dans un bleu denim usé. J'ai opté pour des poignées contrastantes ; choisissez un coton mercerisé bleu foncé.

Renversé

MESURES

Le sac fini mesure 12 po (30,5 cm)
de large à la base et
8 po (20,5 cm) de haut et
4 po (10 cm) de profond

RASSEMBLEZ...

Matériel

A 4 pelotes de fil de coton moyen (Irlandais)
de 1¾ oz (50 g) (74 vg / 68 m par pelote),
bleu denim
B 1 pelote de fil de coton mercerisé léger (DK)
de 1¾ oz (50 g) (115 vg / 106 m par pelote),
bleu marin

Aiguilles et mercerie

1 paire d'aiguilles n° 7 (4,5 mm)
2 aiguilles double-pointe n° 3 (3,25 mm)
Marqueurs de mailles
2 fermetures à glissière de denim
de 8 po (20,5 cm)
Tissu à doublure de 30 po (76 cm)
x 35 po (89 cm)
Entoilage épais à coudre de 20 po
(51 cm) x 14 po (35,5 cm)
28 po de gros cordonnet de ¼ po (0,6 cm)
d'épais pour les poignées
Carton épais pour le fond
Applique au choix

JAUGE

19 m. et 30 rg aux 4 po (10 cm) mesuré sur point
mousse avec des aiguilles n° 7 (4,5 mm)

Ce sac est travaillé en point mousse pour un épais tissu texturé. La seule mise en forme se trouve sur le devant et sur le dos ; le reste des pièces ne sont pas formées. Deux fermetures à glissière en denim sont utilisées pour attacher le sac, et les poignées contrastantes sont renforcées avec un cordonnet. Les côtés sont renforcés avec l'épais entoilage, ce qui aide le sac à garder sa forme droite. La base est renforcée avec un encart amovible de carton épais. Une applique ajoute une plaisante touche finale.

Tricotez votre sac...

Dos et devant (en faire 2)
En utilisant des aiguilles n° 7 (4,5 mm), montez 57 mailles.
1er rang : ENDROIT : 1 m. end. ; *1 m. env. ; 1 m. end. ;
rép. à partir de * jusqu'à la fin.
Ce rang forme le point mousse. Travaillez encore 21 rangs
de point mousse.

Former les côtés
En gardant le point mousse, dim. 1 m. à chaque bout du
prochain rg et du 8e rg suivant. 53 m.
Tric. 5 rg selon le motif. Placez un marqueur à chaque bout du
dernier rang.
Dim. 1 m. à chaque bout du prochain et du 4e rg suivant. 49 m.
Tric. 1 rg selon le motif.
Dim. 1 m. à chaque bout du prochain et des rg altern. suivants
jusqu'à ce que vous obteniez 39 m.
Dim. 1 m. à chaque bout des 3 rg suivants. 33 m.
Rabattez 4 m. selon le motif au début des prochains 2 rangs.
25 m.
Rabattez 5 m. selon le motif au début des prochains 2 rangs.
15 m.
Rabattez les m. restantes selon le motif.

Base
En utilisant des aiguilles n° 7 (4,5 mm) et le fil A, montez 19 m.
Travaillez au point mousse jusqu'à ce que la base mesure 12 po
(30,5 cm) à partir du début.
Rabattez selon le motif.

Panneau du côté (en faire 2)

En utilisant des aiguilles n° 7 (4,5 mm) et le fil A, montez 19 m.
Travaillez 36 rg au point mousse.
Rabattez selon le motif.

Panneau de la fermeture à glissière (en faire 2)

En utilisant des aiguilles n° 7 (4,5 mm) et le fil A, montez 8 m.

1er rang : ENDROIT *1 m. end. ; 1 m. env. ; rép. à partir de
* jusqu'à la fin.

2e rang : *1 m. env. ; 1 m. end. ; rép. à partir de * jusqu'à la fin.
Rép. ces 2 rangs jusqu'à ce que le panneau de la fermeture à
glissière ait la bonne dimension autour du haut du devant, de
marqueur à marqueur.
Rabattez.

Poignées
Bout plat

En utilisant des aiguilles double-pointe n° 3 (3,25 mm) et le fil
B, montez 9 m. et, en travaillant aller-retour en tricot rectiligne,
tric. 8 rg en jers. end. (1 rg end., 1 rg env.), en comm. avec
un rg end.
Dim. 1 m. à chaque bout du prochain et des rg alternants
suivants. 5 m.
Tric. 1 rg envers.

Cordon tricoté

(Voir page 121 pour plus d'information sur les cordonnets.) Tric.
1 rg end. Ne tournez pas votre ouvrage, mais glissez les mailles
sur l'autre bout de l'aiguille. Tirez le fil et tric. encore les mailles.
Rép. jusqu'à ce que la poignée mesure 4 po (35,5 mm) à partir
du bord monté.

Bout plat

En reprenant le travail aller-retour, tric. 1 rg envers.
En travaillant en jers. end., aug. 1 m. à chaque bout du prochain
et des rg alternants suivants. 9 m.
Travaillez 8 rangs en jers. end.

Pour terminer...

Rentrez tous les bouts de fil. Pressez selon les instructions sur
l'étiquette de la pelote.

Doublure

Faites une doublure raidie tel que montré à la page 116. Cousez
la fermeture à glissière dans les panneaux.

Base

Coupez un morceau de carton gris de 12 po (30,5 cm) de long
et de 4 po (10 cm) de large. Faites une base tel que montré à
la page 116. Coupez 2 pièces de cordon de 14 po (35,5 cm)
de long. Enfilez chaque pièce à travers une poignée en vous
assurant que les extrémités du cordon sont couvertes par les
bouts plats. Marquez la position des poignées sur le devant en
mesurant 4 po (10 cm) à partir du haut vers le centre. Placez
une épingle. En l'utilisant comme centre, placez une épingle de
1¾ po (4,5 cm) de chaque côté. Ces épingles marquent le bord
du bout plat de la poignée.

Cousez la poignée, faisant quelques points à travers le
cordon pour la sécuriser. Répétez pour l'autre poignée sur le
dos. Cousez l'applique entre les poignées. Cousez la base et
les panneaux de côté avec le devant. Cousez le dos sur les
panneaux de côté et la base. Joignez les coutures de coin.
Cousez le panneau de la fermeture à glissière autour du haut
du dos et du devant.

Avec les envers face à face, glissez la doublure dans le sac.
pour tenir la doublure en place, cousez les coutures de coin
de la doublure et celles du sac ensemble, et cousez la couture
entre le côté et les panneaux de la fermeture à glissière sur le
sac et la doublure à la fois. À l'aide de mailles coulées, fixez
les panneaux tricotés de la fermeture à glissière à la fermeture
à glissière elle-même près de ses dents. Poussez la base à plat
dans le sac.

Vachement original !

Plusieurs des projets de ce livre sont chic, élégants et sophistiqués. Ce sac révèle votre côté amusant et loufoque – après tout, nous ne sommes pas obligés d'être toujours sérieux ! Ce sac à bandoulière extravagant au motif de peau de vache est assez spacieux pour les emplettes, le transport de votre dernier projet de tricot, ou peut servir de valise pour une fin de semaine. Il fera certainement tourner les têtes, que vous soyez en ville ou à la campagne !

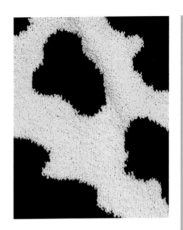

Ici, le fil d'astrakan ajoute une texture agréable à ce sac innovateur.

ACCENT SUR LE FIL

J'ai voulu une texture rase pour ce modèle de peau de vache. J'ai envisagé d'utiliser un fil fourrure ou chenille à poil court, mais j'ai plutôt opté pour ce fil d'astrakan à effet mousseux. Pour l'intarsia (technique utilisée pour travailler les changements de couleur dans le patron (voir pages 108-109), vous avez besoin de fils qui seront couchés les uns contre les autres et qui ne glissent pas lorsqu'ils sont tordus ensemble, ou qui sont difficiles à remonter pour fermer les trous en changeant la couleur.

SECRETS DE CONFECTION RÉVÉLÉS...

Vous pourriez préférer utiliser le brun au lieu du noir - ou vous pourriez être plus audacieuse et changer totalement les couleurs. Optez pour deux couleurs extravagantes, comme violet et vert lime ou jaune et orange ; ou encore pour des nuances pâles de bleu et de vert. Vous pourriez travailler les pièces dans un fil à poil plus long, comme le fil fourrure ou chenille épaisse, et contraster avec un fil doux pour le fond. Soyez aussi créative que vous le voulez !

Vachement original !

MESURES

Le sac fini mesure 16 po (40,5 cm) de large et 14 po (35,5 cm) de haut et 4 po (10 cm) de profond à la base

RASSEMBLEZ...

Matériel

3 pelotes de fil moyen (irlandais) astrakan ou bouclé de 1¾ oz (50 g) (76 vg / 70 m par pelote), dont 1 blanc (**A**) et noir (**B**) ainsi que des restants de fil léger (DK) noir et blanc pour coudre

Aiguilles et mercerie

1 paire d'aiguilles n° 7 (4,5 mm)
Tissu à doublure de 36 po (91,5 cm) x 20 po (51 cm)
Carton épais pour le fond
Longueur de 52 po (132 cm) de ruban de toile ou de gros-grain de 1 po (2,5 cm) de large pour les poignées

JAUGE

18 m. et 25 rg aux 4 po (10 cm) mesuré sur jers. end. avec des aiguilles n° 7 (4,5 mm)

Les larges blocs de couleur pour ce modèle sont simplement tricotés selon la technique intarsia (voir pages 108-109). Il est facile de travailler avec le diagramme ; le dos et le devant sont semblables. Les poignées sont faites d'un robuste ruban à gros grain et le sac est doublé avec du calicot résistant à l'usure. La base plate est renforcée avec un encart amovible d'épais carton.

Tricotez votre sac...

Devant et dos (en faire 2 semblables)

En utilisant des aiguilles n° 7 (4,5 mm) et le fil A, montez 54 mailles.

1er rang : ENDROIT tric. 13 m. end. A ; 41 m. end. B.

2e rang : 41 m. env. B ; 13 m. env. A.

Rép. ces 2 rangs 5 fois de plus.

En conservant les couleurs, montez 9 m. au début des 2 prochains rg. 72 m.

Commencez le graphique.

En lisant les rangs endroit (impair) de droite à gauche et les rg envers (pair) de gauche à droite, travaillez en jers. end. jusqu'à ce que le 85e rang ait été complété.

Tournant le rang ENVERS Tric. 17 m. end. B ; 21 m. end. A ; 34 m. end. B.

Prochain rg : 34 m. end. B ; 21 m. end. A ; 17 m. end. B.

Prochain rg : 17 m. env. B ; 21 m. env. A ; 34 m. env. B.

Rép. les 2 derniers rg deux fois de plus.

Rabattez.

Pour terminer...

Rentrez tous les bouts de fil. Pressez selon les instructions sur l'étiquette de la pelote.

Doublure

Faites une doublure avec une base plate tel qu'indiqué aux pages 115-116. Coupez la toile en deux longueurs pour les poignées et cousez solidement sur l'envers de la doublure.

Base

Coupez une pièce de carton épais de 13 po (18 cm) de long et de 4 po (5 cm) de large. Faites une base tel que montré à la page 116.

Joignez la base et les coutures de côté. Placez la couture de côté le long de la couture de la base et joignez les coutures des coins. Pliez l'entoilage et fixez-le en position au point mousse. Insérez la doublure et fixez-la à l'entoilage à l'aide du point mousse. Cousez à travers les poignées pour attacher solidement aux pièces tricotées.

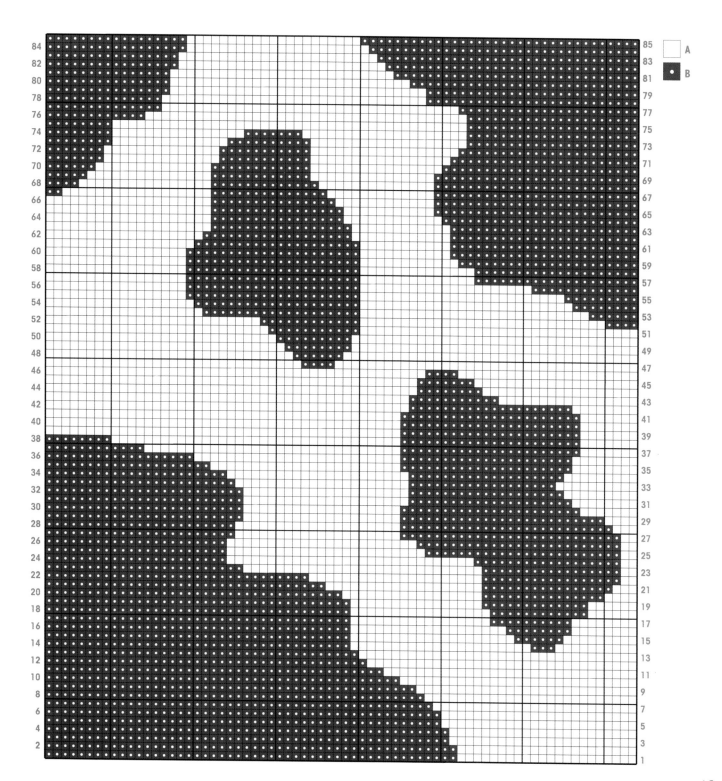

Franges et volants

Si jamais vous ressentez le besoin de vous mettre en contact avec votre côté féminin, alors c'est le sac qu'il vous faut – il est remarquablement frivole : frangé, mousseux, amusant et original. Il est idéal pour ajouter une touche colorée et saugrenue à un ensemble ! Le sac a aussi un certain corps et de la substance, il gardera donc sa forme ; il n'est pas purement décoratif. Et il y a assez de rangement à l'intérieur pour contenir tous les objets de première nécessité que vous devez emporter avec vous.

SECRETS DE CONFECTION RÉVÉLÉS...

Vous pourriez utiliser un fil texturé contrastant pour les franges. Que diriez-vous d'un fil métallique sur un fond mat ou d'un ruban lisse contre un fond de laine de tweed ? Choisissez des couleurs contrastantes, comme un chaud rose avec des franges orange ardent ou un violet foncé avec un vert lime original. Ou choisissez des couleurs qui se rapprochent l'une de l'autre, comme un turquoise océan avec un bleu, ou un chameau avec un brun chocolat.

ACCENT SUR LE FIL

Je voulais que les franges ressortent et conservent leur forme pendant l'utilisation. Donc, j'ai choisi ce fil de coton léger (DK). Il a du corps et une épaisseur qui signifie que les franges ne seront pas écrasées ; le sac ne perdra pas sa forme non plus. L'attention est entièrement portée sur les franges rouge vif, tandis que le fond est dans une nuance complémentaire.

Franges à la mode

MESURES

Le sac fini mesure 9 po (23 cm) de large et 8 po
(20,5 cm) de haut et 2 po (5 cm)
de profond à la base

RASSEMBLEZ...

Matériel

A 2 pelotes de fil léger (DK) de 1¾ oz (50 g)
composé d'un mélange de cotons
(98 vg / 90 m. par pelote), couleur prune
B 2 pelotes de fil de coton léger (DK) de 1¾ oz
(50 g) (93 vg / 85 m par pelote), rouge

Aiguilles et mercerie

2 paires d'aiguilles n° 6 (4 mm)
Doublure de 22 po (56 cm) x 20 po (51 cm)
Carton épais pour le fond du sac

JAUGE

20 m. et 28 rg aux 4 po (10 cm) mesuré sur jers.
end. avec des aiguilles n° 6 (4 mm) et le fil A.

Les franges de ce sac sont travaillées en premier. Il y a beaucoup de mailles à monter, mais celles-ci sont immédiatement diminuées de moitié et ensuite encore de moitié. Gardez ces franges sur des aiguilles séparées, prêtes pour tricoter dans le fond de point jersey. Les coins sont formés pour donner une base plate qui est renforcée avec un encart amovible de carton épais.

Tricotez votre sac...

Franges (en faire 8)

En utilisant des aiguilles n° 6 (4 mm) et le fil B,
montez 180 m.

1er rang : *2 m. end. ; levez la première de ces 2 m. sur
la seconde et hors de l'aiguille : rép. à partir de * jusqu'à la
fin. 90 m.

2e rang : *2 m. ens. env : rép. à partir de * jusqu'à la
fin. 45 m.

Laissez ces mailles sur une aiguille auxiliaire.

Devant

En utilisant des aiguilles n° 6 (4 mm) et le fil A, montez 35 m.
Travaillez 6 rg en jers. end. (1 rg end., 1 rg env.) en comm.
avec un rg end.

Montez 5 m. au début de 2 prochains rg. 45 m.**

Travaillez 4 rangs en jers. end.

***Joignez les franges.

Placez l'aiguille qui tient les franges en avant de l'aiguille gauche avec l'endroit face à l'extérieur. Insérez l'aiguille droite à
travers la première m. du froufrou, puis à travers la 1re m. du
sac. En utilisant le fil A, tirez une boucle à travers les 2 m., en
les tricotant ensemble. Glissez les 2 m. hors de l'aiguille. Rép.
pour chaque ensemble de 2 m. jusqu'à la fin du rang.

Avec le fil A, travaillez 7 rg en jers. end.

Rép. à partir de *** 5 fois de plus.

Avec le fil B, joignez la 7e frange.

Parementure

****Avec le fil B, travaillez 3 rg en jers. end., en comm. avec
un rg end.

Travaillez 4 rg en jers. end., en comm. avec un rg end.

Rabattez.

Dos

Travaillez comme pour le devant jusqu'à **.

Travaillez 3 rg en jers. end.

*** Avec le fil B, travaillez 1 rg.

Avec le fil A, travaillez 7 rg.

Rép. à partir de *** 5 fois de plus.

Avec le fil A, tric. 1 rg env.

Avec le fil B, joignez une frange.

Travaillez la parementure comme pour le devant à
partir de ****.

Poignées (en faire 2)

Avec les aiguilles n° 6 (4 mm) et le fil A, montez 60 m.

Avec le fil A, travaillez 6 rg en jers. end., en comm. avec un
rg end.

Avec le fil B, travaillez 6 rg en jers. end.

Rabattez avec le fil B.

Pour terminer...

Rentrez tous les bouts de fil. Pressez selon les instructions sur
l'étiquette de la pelote.

Doublure

Faites une doublure avec une base plate (pages 115-116).

Base

Coupez une pièce de carton épais de 7 po (18 cm) de long et
de 2 po (5 cm) de large. Faites une base tel que montré à la
page 116.

Avec le fil B et en commençant au haut du sac, cousez les
coutures de côté ensemble, joignez les parementures et la
frange supérieure. Avec le fil A, joignez le reste des coutures
de côté, incluant les extrémités des autres franges dans la
couture. Joignez la couture de la base. Pour former les coins
inférieurs, tournez le sac à l'envers. Placez la couture de côté
le long de la couture de la base et joignez la couture de coin.
Cousez un autre coin correspondant. Retournez à l'endroit.
Repliez la parementure à l'envers et fixez-la en position avec
des points coulés. Pliez les poignées en deux et cousez les bords
montés et rabattus ensemble. Cousez les poignées en place à
2½ po (6 cm) à partir des coutures de côté. En tenant les deux
envers ensemble, glissez la doublure dans le sac et fixez-la
correctement en place au point mousse sur la parementure, en
couvrant les extrémités des poignées. Poussez la base dans le
sac de façon à ce qu'elle soit bien à plat.

MESURES
Le sac fini mesure 8½ po (21,5 cm) de large et 7½ po (19 cm) de haut et 2 po (5 cm) de profond à la base

RASSEMBLEZ...
Matériel
2 pelotes de fil de tweed léger (DK) de 1¾ oz (50 g) composé d'un mélange d'alpaga/laine (197 vg / 180 m par pelote), rose

Aiguilles et mercerie
2 paires d'aiguilles n° 6 (4 mm)
Doublure de 22 po (56 cm) x 20 po (51 cm)
Carton épais pour le fond

JAUGE
21 m. et 29 rg aux 4 po (10 cm) mesuré sur jers. end. avec des aiguilles n° 6 (4 mm)

ACCENT SUR LE FIL
J'ai choisi un fantastique fil composé d'un mélange d'alpaga/laine pour cette version du sac frangé. La couleur est aussi mélangée – rose clair avec une touche de rose foncé. En travaillant avec un fil plus doux, le sac devient ajouré. Avec une seule couleur, les franges se mêlent au sac pour créer un tissu tridimensionnel plutôt que d'être distinctement séparées du sac.

Cette version du sac à une couleur est tout aussi frangée, mais est plus légère et plus féminine. Il est travaillé exactement de la même façon, mais utilise seulement une couleur dans un fil plus doux.

Tricotez votre sac...
Franges, devant et dos
Travaillez comme pour Franges et Volants, en utilisant une seule couleur, du début à la fin.

Poignées (en faire 2)
En utilisant des aiguilles n° 6 (4 mm), montez 60 m.
Travaillez 6 rg en jers. end., en comm. avec un rg end.
Rabattez.

Pour terminer...
Rentrez tous les bouts de fil. Pressez selon les instructions sur l'étiquette de la pelote. Ne pressez pas les poignées, permettez-leur de s'enrouler sur elles-mêmes.

Doublure, base et finition
Travaillez comme pour Franges et Volants.

SECRETS DE CONFECTION RÉVÉLÉS...
Il s'agit d'une délicate nuance de rose, mais l'utilisation d'un chaud rose créerait une apparence plus originale. Utilisez une nuance terreuse de laine de tweed pour un sac d'hiver surprenant. Un fil de ruban rendrait les franges et le sac plus souple, tandis qu'un fil métallique le rendrait résistant et audacieux.

Danse carrée

Ce sac est travaillé avec des carrés. Bien que cela ressemble à des pièces cousues ensemble, il y a très peu de couture impliquée. Les effets stupéfiants de couleur sont réalisés en utilisant un fil multicolore plutôt que des fils de différentes couleurs. Les carrés créent un effet géométrique stupéfiant qui est vraiment tape-à-l'œil. Le sac peut être foulé, comme celui-ci l'a été, ou laissé tel que tricoté. Le foulage lui donnera une texture dense qui ressemble au feutre, lequel est très attrayant, tandis que laisser le sac non foulé permet aux couleurs de ressortir clairement.

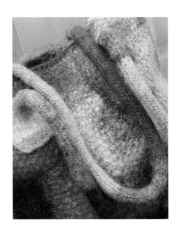

Tricoter des carrés en fil multicolore crée un splendide sac plein de formes intéressantes et de merveilleux effets de couleur.

ACCENT SUR LE FIL

La technique pour tricoter des carrés est davantage mise en valeur avec un fil multicolore ou autorayé. Ce fil passe de léger turquoise à rose et mauve, puis à jaune et orange. J'ai coupé quelques couleurs que je n'aimais pas, mais en fait, j'ai utilisé le fil continuellement, allant avec l'ordre des couleurs pour le carré suivant. Parce que je voulais fouler ce sac, j'ai dû utiliser un fil 100 % laine.

SECRETS DE CONFECTION RÉVÉLÉS...

Si vous ne prévoyez pas fouler ce sac, vous pouvez travailler avec n'importe quelle fibre ; vous n'avez pas à vous en tenir à la laine. Le point mousse serait parfait dans un coton léger ou une laine, qui mélangerait les points ensemble. Pour avoir plus de contrôle sur le choix de couleurs et introduire d'autres textures, vous pourriez composer votre propre pelote multi-fils. Rassemblez d'abord une collection de fils et de couleurs. Tirez deux longueurs de bras du premier fil et roulez-le en pelote. Attachez la deuxième couleur, en faufilant les bouts au fur et à mesure que vous tricotez. Tirez trois longueurs de bras et continuez à rouler en balle. Joignez la troisième couleur, tirez une longueur de bras, et roulez-la en pelote. Continuez de cette façon en changeant chaque fois l'ordre des couleurs et la quantité de chaque fil utilisé. Faites une pelote de 1¾ oz (50 g). Tricotez avec cette pelote de fil en faufilant les bouts au fur et à mesure que vous travaillez.

Danse carrée

MESURES

Avant le foulage – le sac mesure
10 po (25,5 cm) et 2 po (5 cm)
de profond à la base.
Après le foulage – le sac mesure
approx. 8¾ po (222 cm) et 1¾ po (4,5 cm)
de profond à la base

RASSEMBLEZ...
Matériel
5 pelotes de gros fil de laine multicolore
de 1¾ oz (50 g) (109 vg / 100 m par pelote),
turquoise/mauve/orange

Aiguilles et mercerie
1 paire d'aiguilles n° 8 (5 mm)
2 aiguilles double-pointe n° 6 (4 mm)
Crochet grosseur G (4 mm)
Doublure de 24 po (61 cm) x 20 po (51 cm)
46 po (117 cm) de cordonnet de ¼ po (0,6 cm)
d'épais pour les poignées
Carton épais pour le fond du sac

JAUGE
17 m. et 32 rg aux 4 po (10 cm) mesuré sur point
mousse avec des aiguilles n° 8 (5 mm)
avant le foulage

Les points pour chaque pièce de ce sac sont un mélange de mailles montées ou relevées autour des pièces. Des instructions détaillées sont fournies pour travailler le dos et le devant, lesquels sont les mêmes. Les carrés sont travaillés au point mousse, lequel donne plus de texture au tissu. Les goussets de côté et la base sont tricotés sur le devant. Les poignées consistent en un tube avec un cordon enfilé à travers, pour plus de résistance.

Tricotez votre sac...

Dos et devant (en faire 2)
1re forme en L
En utilisant des aiguilles n° 8 (5 mm), montez 51 m.
1er rang : ENVERS : 1 m. end. ; (1 m. env., 1 m. end.) 3 fois ; 3 m. ens. env. ; (1 m. env., 1 m. end.) 7 fois ; 3 m. ens. end. ; (1 m. env., 1 m. env.) 7 fois ; 3 m. ens. env. ; (1 m. end., 1 m. env.) 3 fois ; gliss. 1 m. avec le fil en avant de l'ouvrage. 45 m.
2e rang et tous les rangs endroit suivants : *1 m. end. ; 1 m. env. ; rép. à partir de * jusqu'à la dernière m. ; gliss. 1 m. avec le fil devant l'ouvrage.
3e rang : (1 m. end., 1 m. env.) 3 fois ; 3 m. ens. end. ; (1 m. env., 1 m. end.) 6 fois ; 3 m. ens. env. ; (1 m. end., 1 m. env.) 6 fois ; 3 m. ens. end. ; (1 m. env., 1 m. end.) 2 fois ; 1 m. env. ; gliss. 1 m. avec le fil devant l'ouvrage. 39 m.
5e rang : 1 m. end. ; (1 m. env., 1 m. end.) deux fois ; 3 m. ens. env. ; (1 m. end., 1 m. env.) 5 fois ; 3 m. ens. end. ; (1 m. env., 1 m. env.) 5 fois ; 3 m. ens. env. ; (1 m. end., 1 m. env.) deux fois ; gliss. 1 m. avec le fil devant l'ouvrage. 33 m.
7e rang : (1 m. end., 1 m. env.) deux fois ; 3 m. ens. end. ; (1 m. env., 1 m. end.) 4 fois ; 3 m. ens. env. ; (1 m. end., 1 m. env.) 4 fois ; 3 m. ens. end. ; 1 m. env. ; 1 m. end. ; 1 m. env. ; gliss. 1 m. avec le fil devant l'ouvrage. 27 m.
9e rang : 1 m. end. ; 1 m. env. ; 1 m. end. ; 3 m. ens. env. ; (1 m. env., 1 m. env.) trois fois ; 3 m. ens. end. ; (1 m. env., 1 m. env.) 3 fois ; 3 m. ens. env. ; 1 m. end. ; 1 m. env. ; gliss. 1 m. avec le fil devant l'ouvrage. 21 m.
11e rg : 1 m. end. ; 1 m. env. ; 3 m. ens. end. ; (1 m. env., 1 m. end.) deux fois ; 3 m. ens. env. ; (1 m. end., 1 m. env.) deux fois ; 3 m. ens. end. ; 1 m. env. ; gliss. 1 m. avec le fil devant l'ouvrage. 15 m.
13e rg : 1 m. end. ; 3 m. ens. env. ; 1 m. end. ; 1 m. env. ; 3 m. ens. env. ; 1 m. end. ; 3 m. ens. env. ; gliss. 1 m. avec le fil devant l'ouvrage. 9 m.
15e rg : 3 m. ens. end. dans le brin arrière ; 3 m. ens. env. ; 3 m. ens. end. ; 3 m.
16e rg : 3 m. ens. end. 1 m.
Coupez le fil et enfilez-le à travers les m. restantes.

Carré (C2)
Montez 8 m., avec l'endroit de la 1re forme en L face à vous, relevez et tric. 9 m. le long du bord court de droite. 17 m.
1er rg : ENVERS Tric. 1 m. end. ; (1 m. env., 1 m. end.) 3 fois ; 3 m. ens. env. ; (1 m. end., 1 m. env.) 3 fois, gliss. 1 m. avec le fil devant l'ouvrage. 15 m.
2e rg et chaque rg end. suivant : *1 m. end. ; 1 m. env. ; rép. à partir de * jusqu'à la dernière maille ; gliss. 1 m. avec le fil devant l'ouvrage.
3e rg : (1 m. end., 1 m. env.) 3 fois ; 3 m. ens. end. ; (1 m. env., 1 m. end.) deux fois ; 1 m. env. ; gliss. 1 m. avec le fil devant l'ouvrage. 13 m.
5e rg : 1 m. end. ; (1 m. env., 1 ;m. end.) deux fois ; 3 m. ens. env. ; (1 m. end., 1 m. env.) deux fois ; gliss. 1 m. avec le fil devant l'ouvrage. 11 m.
7e rg : (1 m. end., 1 m. env.) deux fois ; 3 m. ens. end. ; 1 m. env. ; 1 m. end. ; 1 m. env. ; gliss. 1 m. avec le fil devant l'ouvrage. 9 m.
9e rg : 1 m. end. ; 1 m. env. ; 1 m. end. ; 3 m. ens. env. ; 1 m. end. ; 1 m. env. ; gliss. 1 m. avec le fil devant l'ouvrage. 7 m.
11e rg : 1 m. end. ; 1 m. env. ; 3 m. ens. end. ; 1 ;m. env. ; gliss. 1 m. avec le fil devant l'ouvrage. 5 m.
13e rg : 1 m. end. ; 3 m. ens. end. ; gliss. 1 m. avec le fil devant l'ouvrage. 3 m.
15e rg : 3 m. ens. end. dans le brin arrière. 1 m.
Coupez le fil et enfilez-le à travers la m. restante.

3e forme en L
Montez 8 m., relevez et tric. 9 m. le long du haut de la 2e forme, 17 m. autour du bord intérieur de la 1re forme en L ; montez 17 m. 51 m.
Travaillez la forme en L comme pour la 1re forme en L.

4e carré (4C)
Relevez et tric. 9 m. le long de la 3e pièce en L et 8 m. le long du bord de la 1re forme en L.17 m.
Travaillez le carré comme pour le 2e carré.

5e forme en L
Montez 8 m., relevez et tric. 9 m. le long du bord de la 3e forme en L ; 9 m. le long du bord du bord du 4e carré, montez 25 m. 51 m.
Travaillez la forme en L comme pour la 1re forme en L.

6e forme en L

Montez 17 m., relevez et tric. 17 m. autour du bord intérieur de la 3e forme en L ; 9 m. le long du bord de la 5e forme en L, montez 8 m. 51 m.

Travaillez la forme en L comme pour la 1re forme en L.

Rectangle 7 (R7)

Montez 8 m., relevez et tric. 9 m. le long du bord de la 6e forme en L, et 17 m. autour du bord intérieur de la 5e forme en L. 34 m.

1er rg : ENVERS 1 m. end. ; (1 m. env., 1 m. end.) 3 fois ; 3 m. ens. env. ; (1 m. end., 1 m. env.) 7 fois ; 3 m. ens. end. ; (1 m. env., 1 m. end.) 3 fois ; gliss. 1 m. avec le fil devant l'ouvrage. 30 m.

2e rg et chaque rg end. suivant : 2 m. end. ; 1 m. env. ; *1 m. end. ; 1 m. env. rép. à partir de * jusqu'à ce qu'il reste 1 m. ; gliss. 1 m. avec le fil devant l'ouvrage.

3e rg : (1 m. end., 1 m. env.) 3 fois ; 3 m. ens. end. ; (1 m. env., 1 m. end.) 6 fois ; 3 m. ens. env. ; (1 m. end., 1 m. env.) deux fois ; gliss. 1 m. avec le fil devant l'ouvrage. 26 m.

5e rg : 1 m. end. ; (1 m. env., 1 m. end.) 2 fois ; 3 m. ens. env. ; (1 m. end., 1 m. env.) 5 fois ; 3 m. ens. end. ; (1 m. env., 1 m. end.) deux fois ; gliss. 1 m. avec le fil devant l'ouvrage. 22 m.

7e rg : (1 m. end., 1 m. env.) deux fois ; 3 m. ens. end. ; (1 m. env., 1 m. end.) 4 fois ; 3 m. ens. env. ; 1 m. end. ; 1 m. env. ; gliss. 1 m. avec le fil devant l'ouvrage. 18 m.

9e rg : 1 m. end. ; 1 m. env. ; 1 m. end. ; 3 m. ens. env. ; (1 m. end., 1 m. env.) 3 fois ; 3 m. ens. end. ; 1 m. env. ; 1 m. end. ; gliss 1 m. avec le fil devant l'ouvrage. 14 m.

11e rg : 1 m. end. ; 1 m. env. ; 3 m. ens. end. ; (1 m. env., 1 m. end.) deux fois ; 3 m. ens. env. ; 1 m. end. ; gliss. 1 m. avec le fil devant l'ouvrage. 10 m.

13e rg : 1 m. end. ; 3 m. ens. env. ; 1 m. end. ; 1 m. env. ; 3 m. ens. end. ; gliss. 1 m. avec le fil devant l'ouvrage. 6 m.

15e rg : 3 m. ens. end. dans le brin arrière. 2 m.

16e rg : 2 m. ens. end. 1 m.

Coupez le fil et enfilez-le à travers la maille restante.

8e forme en L

Relevez et tric. 17 m. autour du bord intérieur de la 6e forme en L ; 9 m. le long du bord du 7e rg, montez 25 m. 51 m.

Travaillez la 8e forme en L comme pour la 1re forme en L.

Rectangle 9 (R9)

Montez 8 m., relevez et tric. 9 m. le long du bord de la 6e forme en L, et 17 m. autour du bord intérieur de la 8e forme en L. 34 m.

Travaillez le rectangle comme pour le rectangle 7.

10e forme en L

Montez 8 m., relevez et tric. 9 m. le long du bord du 2e carré, 9 m. le long du bord de la 3e forme en L, 8 m. le long du bord de la 6e forme en L ; 9 m. le long du bord du rectangle 9 ; montez 8 m. 51 m.

Travaillez la 10e forme en L comme pour la 1re forme en L.

Carré 11 (C11)

Relevez et tric. 17 m. autour de l'intérieur de la 10e forme en L. 17 m.

Travaillez le carré 11 comme pour le carré 2.

Goussets de côté et base
Rectangle 12 (R12)

Montez 8 m., avec l'endroit du devant face à vous, relevez et tric. 18 m. le long du bord de la 5e forme en L ; montez 8 m. 34 m.

Travaillez le rectangle comme pour le R7.

Carré 13 (C13)

Relevez et tric. 9 m. le long du bord du rectangle 12 ; et 8 m. le long du bord du carré 4. 17 m.

Travaillez ce carré comme pour le carré 2.

Rectangle 14 (R14)

Relevez et tric. 9 m. le long du carré 13 ; 17 m. le long du bord de la 1re forme en L ; montez 8 m. 34 m.

Travaillez le rectangle comme pour le R7.

Rectangle 15 (R15)

Relevez et tric. 8 m. le long du bord du R14 ; 18 m. le long du bord de la 1re forme en L ; montez 8 m. 34 m.

Travaillez le rectangle comme pour le R7.

Carré 16 (C16)

Relevez et tric. 8 m. le long du bord de R15 ; et 9 m. le long du bord du 2e carré. 17 m.

Travaillez le carré comme pour le C2.

Rectangle 17 (R17)

Relevez et tric. 8 m. le long du bord du carré 16 ; 9 m. le long du bord de la 10e forme en L ; 9 m. le long du bord du carré 11, montez 8 m. 34 m.

Travaillez le rectangle comme pour le R7.

Rectangle 18 (R18)

Relevez et tric. 8 m. le long de R17 ; 9 m. le long du bord du carré 11 ; 9 m. le long du bord de la 10e forme en L ; montez 8 m. 34 m.

Travaillez le rectangle comme pour R7.

Carré 19 (C19)

Relevez et tric. 8 m. le long du bord du R18 ; 9 m. le long du bord au centre de R9. 17 m.

Travaillez le carré comme pour le carré 2.

Rectangle 20 (R20)

Relevez et tric. 8 m. le long du carré 19 ; 8 m. le long du bord du rectangle 9 ; 9 m. le long de la 8e forme en L ; montez 8 m. 34 m.

Travaillez le rectangle comme pour le R7.

Parementure

Joignez le dos au devant ainsi que les goussets en joignant la couture de côté gauche. À l'aide d'aiguilles n° 8 (5 mm) et avec l'endroit de l'ouvrage face à vous, relevez et tric. les 9 m. du bord supérieur du gousset de côté ; tric. les 43 m. du devant, les 9 m. du gousset de côté et les 43 m. du dos. 104 m.

Travaillez 3 rg en jers. envers, en comm. avec un rg endroit.

Travaillez 3 rg en jers. end., en comm. avec un rg endroit.

Rabattez lâchement.

Poignées (en faire 2)
Bout plat

En utilisant des aiguilles double-pointe n° 6 (4 mm), montez 9 m. et, en travaillez aller-retour en tricot rectiligne ; travaillez

8 rg en jers. end., en comm. avec un rg endroit.

Dim. 1 m. à chaque bout du prochain rg et des rg alternatifs suivants. 5 m.

Tric. 1 rg envers.

Cordon tricoté

Tric. 1 rg end. Ne tournez pas l'ouvrage, mais glissez les mailles à l'autre bout de l'aiguille. Tirez le fil et tric. les mailles de nouveau. Rép. jusqu'à ce que la poignée mesure 23 po (57 cm) à partir du bord monté (voir page 121 pour plus de détails sur les cordons tricotés).

Bout plat

En reprenant le travail aller-retour, tric. 1 rg envers.

En travaillant en jers. end., aug. 1 m. à chaque bout du prochain rg et des rg alternatifs suivants. 9 m.

Tric. 8 rg en jers. end.

Rabattez.

Pour terminer...

Rentrez tous les bouts de fil. Pressez selon les instructions sur l'étiquette de la pelote. Joignez la couture de côté restante et la couture de la base. Pliez la parementure à l'envers et fixez-la en place au point coulé. Coupez 2 pièces de cordon de 23 po (57 cm) de long. Attachez les extrémités avec du fil à coudre pour prévenir l'effilochage. Enfilez un bout de cordon à travers chacune des poignées. Utilisez une aiguille à crochet pour tricoter l'échelle sur les poignées (voir page 122). Cousez les poignées en place à 2 po (5 cm) des coutures de côté et à 2½ po (6 cm) du bord supérieur, en tricotant à travers le cordon pour bien les attacher. Foulez le sac selon les instructions à la page 111.

Doublure et base

Fabriquez une doublure et la base tel que montré aux pages 115-116. Avec les envers face à face, glissez la doublure dans le sac et fixez-les en place sur la parementure à l'aide de point mousse. Poussez la base dans le sac de façon à ce qu'elle soit bien à plat.

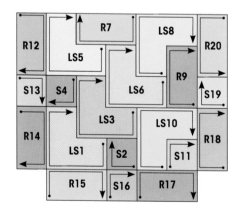

Sac à cordon

Réduisez votre attirail avec ce sac à cordonnet, et portez-le à votre poignet. La finesse de ce sac offre une bonne alternative pour des occasions où vous ne voulez pas traîner votre sac fourre-tout habituel. La texture subtilement duveteuse et le gland soyeux ajoutent élégance et éclat. Son petit format en fait un article idéal pour expérimenter avec de nouveaux fils – vous n'aurez pas besoin de travailler longtemps pour dire si vous aimez l'effet ou pas. Ce serait aussi une bonne façon d'utiliser n'importe quel restant de fil provenant de la confection d'un autre vêtement.

Les fils fourrure utilisés dans ce sac créent un subtil effet voilé et diaphane qui est merveilleux au toucher.

SECRETS DE CONFECTION RÉVÉLÉS...

Vous pourriez faire une version de ce sac dans des nuances pâles d'été ou dans une couleur riche pour une soirée. Choisissez votre couleur favorite, que cela soit un violet profond, un rose chaleureux, un vert océan ou un jaune soleil. Rassemblez quatre textures contrastantes de fil léger (DK); flammé, fourrure, laine lisse, bouclé, ruban ou viscose brillante. Ajoutez un gland déjà fait ou confectionnez le vôtre, et attachez-y des perles, des boutons ou des coquillages pour une touche finale unique.

ACCENT SUR LE FIL

L'utilisation d'une palette de couleurs limitée signifiait que je pouvais me concentrer sur la texture ; ici, j'ai utilisé un long fil fourrure chatoyant, un doux coton mat, un fil flammé mousseux et un crêpe soyeux et léger. Chaque fil retient la couleur différemment, et ensemble, ils créent un sac fantastique inspiré de la neige.

Reine des neiges

MESURES

5 po (12,5 cm) de large et 7 po (18 cm) de long
(excluant le gland)

RASSEMBLEZ...

Matériel

A 1 pelote de fil simili-fourrure léger (DK) de
1¾ oz (50 g) (98 vg / 90 m par pelote), blanc
B 1 pelote de fil de coton léger (DK) de 1¾ oz
(50 g) (104 vg / 95 m par pelote), blanc
C 1 pelote de fil flammé texturé, léger (DK) de
1¾ oz (50 g) (140 vg / 128 m par pelote), blanc
D 1 pelote de fil de crêpe léger (DK) de 1¾ oz
(50 g) (147 vg / 135 m par pelote), blanc

Aiguilles et mercerie

1 paire d'aiguilles n° 6 (4 mm)
cordon d'une longueur
de 14 po (35,5 cm)
Gland

JAUGE

22 m. et 28 rg aux 4 po (10 cm) mesuré sur jers.
end. (1 rg end., 1 rg env.) avec des aiguilles n° 6
(4 mm) et le fil B.

Travaillé en simple point jersey, ce sac à cordonnet conviendrait à un mariage d'hiver : il est glacial, frais et élégant. Chaque rayure est faite d'un fil différent. Un cordon est enfilé à travers un rang d'œillets, faits avec un jeté et 2 m. ens. end. La base est formée à un point en utilisant GGT (voir pages 105-107 pour les techniques d'augmentation et de diminution). Attachez-y un gland tout fait ou faites le vôtre (voir page 121).

Tricotez votre sac...

En utilisant des aiguilles n° 6 (4 mm) et le fil A, montez 58 m. et tric. 4 rg.
Avec le fil B : Tric. 1 rg env.
Rang d'œillets : ENDROIT Avec le fil B, tric. 4 m. end. ; (1 jeté, 2 m. ens. end., 5 m. end.) 7 fois ; 1 jeté ; 2 m. ens. end. ; 3 m. end.
Avec le fil B : Cont. en jers. end., en comm. avec un rg env. jusqu'à ce que la rayure de fil B mesure 2 po (5 cm) à partir du début, en terminant avec un rg env.
Avec le fil A : Tric. 4 rg end.
Avec le fil C : Travaillez 2 po (5 cm) en jers. end., en finissant avec un rg env.
Avec le fil A : Tric. 4 rg end.

Formez la base

En utilisant le fil D du début à la fin, continuez tel qu'indiqué ci-dessous :
**1er rang : 1 m. end. ; (GGT, 5 m. end.) 7 fois ; GGT ; 6 m. end. ; 50 m.
2e rg et chaque . envers suivant : Tric. 1 rg envers
3e rg : 1 m. end. ; (GGT, 4 m. end.) 7 fois ; GGT ; 5 m. end. 42 m.
5e rg : 1 m. end. ; (GGT, 3 m. end.) 7 fois ; GGT ; 4 m. end. 34 m.
7e rg : 1 m. end. ; (GGT, 2 m. end.) 7 fois ; GGT ; 3 m. end. 26 m.
9e rg : 1 m. end. ; (GGT, 1 m. end.) 7 fois ; GGT ; 2 m. end 18 m.
11e rg : 1 m. end. ; (GGT) 8 fois ; 1 m. end. 10 m.
Tric. 1 rg env.
Coupez le fil, enfilez-le à travers les m. restantes et tirez fermement.

Pour terminer...

Rentrez tous les bouts de fil. Pressez selon les instructions sur l'étiquette de la pelote. Joignez les coutures de côté. Enfilez le cordon à travers les œillets et nouez les bouts ensemble. Cousez le gland au point à la base.

Ces sacs sont amusants à faire et vous offrent la possibilité d'explorer une vaste palette de couleurs. Pourquoi ne pas en tricoter un pour chaque saison et confectionner un gland assorti ?

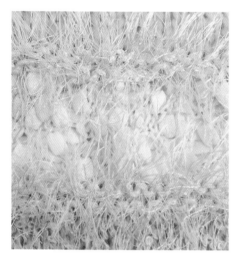  

Chatoiement printanier

Inspirez-vous en observant les couleurs du printemps. Ici, j'ai utilisé quatre fils texturés d'un jaune-vert frais aux soupçons de blanc. Ces fils légers (DK) sont une simili-fourrure chatoyante, une laine doucement filée, un ruban tricoté avec des éclats de couleur et un fil lisse texturé avec une touche de bouclé blanc.

Tons estivaux

Pour cette version, j'ai été inspirée par des roses écloses lors d'une chaude après-midi d'été, et j'ai utilisé des fils dans une nuance délicate de rose. J'ai utilisé un doux mohair pour contraster avec un frais coton mercerisé, un astrakan frivole et un doux coton mat flammé lâchement filé.

Automne fantastique

Ce fil fourrure à poil court de couleur ardente a été une réelle découverte et m'a inspiré le choix des autres fils. J'ai utilisé un alpaga doux dans un rouille profond et, pour les deux autres textures, j'ai fait un mélange de deux fils : un léger coton mercerisé mixé à un souple ruban échelle orange et rose ; et un mélange de laine de tweed et de fil métallique.

Confectionnez un gland en utilisant un fil de coton floche à broder dans une couleur assortie. Avant de tailler le gland, enfilez un mélange aléatoire de petites perles jaune pâle et blanches sur plusieurs brins autour de l'extérieur du gland ainsi qu'un bouton en forme de fleur. Faites un petit nœud à l'extrémité pour retenir les perles et taillez soigneusement le gland.

Choisissez quelques grosses perles qui reflètent votre inspiration ; ces roses de verre s'harmonisent parfaitement au sac. Confectionnez un gland en utilisant un fil lisse comme celui du sac et, avant de le tailler, enfilez les perles sur des brins autour, à l'extérieur. Poussez-les jusqu'en haut et retenez-les avec un petit nœud.

Les différents fils de ce sac méritent d'être vus pour leur beauté et leur éclat. J'ai donc fait un gland simple en reprenant toutes les textures utilisées pour réaliser le sac. Le ruban d'échelle et le fil métallique ressortent et ajoutent des éclats de couleur aux nuances mélangées de rouille, de bronze et de roux.

Le cœur sur la manche

MESURES

6 po (15 cm) de large et 8 po (20,5 cm) de long
(excluant le gland)

RASSEMBLEZ...

Matériel

A 1 pelote de fil épais texturé de 1¾ oz (50 g)
composé d'un mélange de laine (120 vg / 110 m
par pelote), dans les tons de vert
B 1 pelote de fil mohair léger (DK) de   oz (25 g)
(104 vg / 95 m par pelote), violet
Restants de fil léger (DK) pour coudre et pour
faire le cordon torsadé

Aiguilles

1 paire d'aiguilles n° 8 (5 mm)

JAUGE

16 m. et 26 rg aux 4 po (10 cm) mesuré sur jers.
end. (1 rg end., 1 rg env.) avec des aiguilles n° 8
(5 mm) et le fil A

ACCENT SUR LE FIL

Ce fil avait une belle apparence en pelote, mais
c'était difficile d'imaginer de quoi il aurait l'air
une fois tricoté. Il présente d'épaisses longueurs
de teintes de vert, passant du vert olive foncé
à vert kaki, avec des longueurs plus minces
de noir et de blanc. Une fois tricoté, il crée un
merveilleux tissu épais et texturé qui est chaud et
doux au toucher. La texture duveteuse est idéale
pour le point jersey.

Les sacs à cordon sont très simples à faire et merveilleusement polyvalents. Cette version plus robuste est tricotée selon le même modèle que le sac Reine des neiges. Cependant, il est plus épais et plus confortable. Un cœur tricoté appliqué avec un grand point droit lui confère une réelle apparence artisanale.

Tricotez votre sac...

En utilisant des aiguilles n° 8 (5 mm) et le fil A, montez 58 m.
et tric. 4 rg.
Tric. 1 rg env.
Rang d'œillets : ENDROIT Tric. 4 m. end. ; (1 jeté, 2 m. ens.
end. ; 5 m. end.) 7 fois ; 1 jeté ; 2 m. ens. end. ; 3 m. end.
Cont. en jers. end., en comm. avec un rang env. jusqu'à ce que
le sac mesure 6 po (15 cm) à partir du début, finissant avec
un rg env.

Formez la base

Travaillez comme pour le sac Reine des neiges à partir de **.

Cœur

En utilisant des aiguilles n° 3 (3,25 mm) et le fil B, comptez
3 m. et tric. 1 rg env.
Prochain rg : end, 1 dev. et arr. ; 1 m. end. ; end, 1 dev. et
arr. 5 m.
Prochain rg : Tric. env.
Prochain rg : end, 1 dev. et arr. jusqu'à ce qu'il reste 2 m. ;
end, 1 dev. et arr. ; 1 m. end.
Rép. les deux derniers rg jusqu'à ce que vous obteniez 17 m.
Cont. en jers. end. jusqu'à ce que le cœur mesure 2 po (5 cm)
à partir du début, en finissant avec un rg env.

Formez le haut

Prochain rg : GGT ; 6 m. end. ; rabattez 1 m. ; tric. end.
jusqu'à ce qu'il reste 2 m. ; 2 m. ens. end.
En travaillant sur 7 m. seulement, tric. 1 rg env.
***Prochain rg : GGT ; tric. end. jusqu'à ce qu'il reste 2 m. ;
2 m. ens. end. 5 m.
Tric. 1 rg env.
Prochain rg : GGT ; 1 m. end. ; 2 m. ens. end. 3 m.
Rabattez.
Avec l'envers de l'ouvrage face à vous, joignez le fil au second
ensemble de 7 m. et tric. 1 rg envers. Travaillez comme pour le
premier côté à partir de ***.

Pour terminer...

Rentrez tous les bouts de fil. Pressez selon les instructions sur
l'étiquette des pelotes. À l'aide de fil léger (DK), cousez le
cœur sur le sac en utilisant un grand point droit. Toujours avec
du fil léger (DK), joignez les coutures de côté. Faites un cordon
torsadé en utilisant 2 brins de fil léger (DK) (voir page 121).
Faufilez à travers les œillets et nouez les extrémités ensemble.
Avec le fil A, confectionnez un gland (voir page 121) et cousez-
le à la base.

SECRETS DE CONFECTION RÉVÉLÉS...

Achetez une pelote du fil le plus intrigant dans
le magasin, soit le fil flammé avec des torsades
épaisses et minces multicolores. Ce sac pourrait
être confectionné avec de la laine aux nuances
automnales avec un cœur de bronze ou en soie
et viscose dans de riches violets avec un cœur
doré pour un sac de soirée très original. Essayez-
le dans du coton et du lin pour l'été, ou dans des
nuances de mer ou de chaud rose. Tricotez le cœur
dans une couleur contrastante et appliquez-y des
perles ; cousez-le soigneusement pour une finition
plus élégante.

Fleurs fantastiques

Ce sac est idéal lors d'une chaude journée d'été. Les couleurs vives sont contrastantes et les feuilles cousues ajoutent une agréable touche tridimensionnelle. L'élégante forme évasée est créée en diminuant les côtés et les anneaux de bambou produisent un effet admirable. Tricoté avec un fil de coton polyvalent, ce sac est assez robuste pour la plage, et assez élégant et audacieux pour des réceptions en plein air.

Les anneaux de bambou sont rapidement et facilement attachés, et donnent à ce sac une finition élégante.

ACCENT SUR LE FIL

Le coton est disponible en plusieurs couleurs vibrantes ; j'ai choisi un fond rose pour contraster avec les énergisantes fleurs orange et les feuilles vertes et fraîches. J'ai voulu un coton mat pour son apparence sèche et poussiéreuse ; le coton mercerisé est plus raide et le sac ne glisserait pas aussi bien sur les poignées de bambou.

SECRETS DE CONFECTION RÉVÉLÉS...

Vous pourriez utiliser des teintes de pastel pour une apparence plus fraîche ; essayez un bleu doux avec des fleurs rose pâle et des feuilles vert olive pâle. Essayez d'utiliser une couleur différente pour chaque fleur ; rose, violet et mauve, ou jaune, orange et rouge. Utilisez des fils avec un contenu de soie pour une touche de luxe ou des fils rubans de viscose souples pour un effet chatoyant.

Fleurs fantastiques

MESURES
13 po (33 cm) au point le plus large et 11 po (28 cm) de long (excluant les poignées)

RASSEMBLEZ...
Matériel
A 3 pelotes de fil de coton léger (DK) de 1¾ oz (50 g) (93 vg / 85 m par pelote), rose

B 1 pelote de fil de coton léger (DK) de 1¾ oz (50 g) (93 vg / 85 m par pelote), orange

C 1 pelote de fil de coton léger (DK) de 1¾ oz (50 g) (93 vg / 85 m par pelote), vert

Aiguilles et mercerie
1 paire d'aiguilles n° 6 (4 mm)
2 anneaux de bambou pour les poignées

JAUGE
20 m. et 28 rg aux 4 po (10 cm) mesuré sur jers. env. (1 rg end., 1 rg end.) avec des aiguilles n° 6 (4 mm) et le fil A

Les fleurs orange de ce sac coloré sont travaillées selon la technique intarsia (voir pages 108-109), tandis que les feuilles sont tricotées séparément et ensuite cousues. Le simple point arrière (voir page 120) est utilisé pour les tiges et le centre des fleurs. Les côtés sont diminués pour donner une forme évasée spacieuse, tandis que des poignées en bambou permettent une finition rapide.

Tricotez votre sac...
Devant
En utilisant des aiguilles n° 6 (4 mm) et le fil A, montez 66 m. Travaillez 2 rg en jers. end. (1 rg end., 1 rg env.) en comm. avec un rg end.

Commencez le graphique
En travaillant les rangs ENDROITS (impairs) de droite à gauche et les rangs ENVERS (pairs) de gauche à droite, et en dim. 1 m. à chaque extrémité du 13e et de tous les 8e rg suivants, travaillez en jers. end. à partir du graphique jusqu'à ce que le 64e rang ait été complété. 51 m.
Avec le fil A, travaillez 20 rg en jers. end.
Rabattez.

Dos
En utilisant les aiguilles n° 6 (4 mm) et le fil A, montez 66 m. Travaillez en jers. end., en comm. avec un rg end. et dim. 1 m. à chaque extrémité du 15e et de tous les 8e rg jusqu'à ce que vous obteniez 52 m.
Travaillez 23 rg en jers. end.
Rabattez.

Feuilles (en faire 10)
En utilisant des aiguilles n° 6 (4 mm) et le fil C, montez 3 m. et tric. 1 rg env.

1er rg: ENDROIT Tric. 1 m. end. ; (1 jeté, 1 m. end.) deux fois. 5 m.

2e rg et tous les rg envers suivants : Tric. envers.

3e rg : Tric. 2 m. end. ; 1 jeté ; 1 m. end. ; 1 jeté ; 2 m. end. 7 m.

5e rg : Tric. 3 m. end. ; 1 jeté ; 1 m. end. ; 1 jeté ; 3 m. end. 9 m.

7e rg : GGT ; 5 m. end. ; 2 m. ens. end. 7 m.

9e rg : GGT ; 3 m. end. ; 2 m. ens. end. 5 m.

11e rg : GGT ; 1 m. end. ; 2 m. ens. end. 3 m.

13e rg : à l'endroit : 1 m. gliss., 2 m. tric. ensemble, passez la m. gliss. par-dessus la m. tric.
Coupez le fil, enfilez-le à travers la m. restante et tirez fermement.

Pour terminer...
Rentrez tous les bouts de fil. Pressez selon les instructions sur les étiquettes des pelotes. Sur le devant, cousez une paire de feuilles près de chaque fleur (utilisez une photo à titre de référence). En utilisant le fil C et le point arrière (voir page 120), travaillez une tige entre les feuilles et les fleurs, et une spirale dans le centre de chaque fleur. Joignez la couture de la base. Joignez les coutures de côté jusqu'à l'avant-dernière diminution. Tirez le bord supérieur à travers une des poignées, du devant à l'arrière, et repliez pour envelopper la poignée. Cousez soigneusement le revers en place en utilisant un point avant. Répétez pour l'autre poignée.

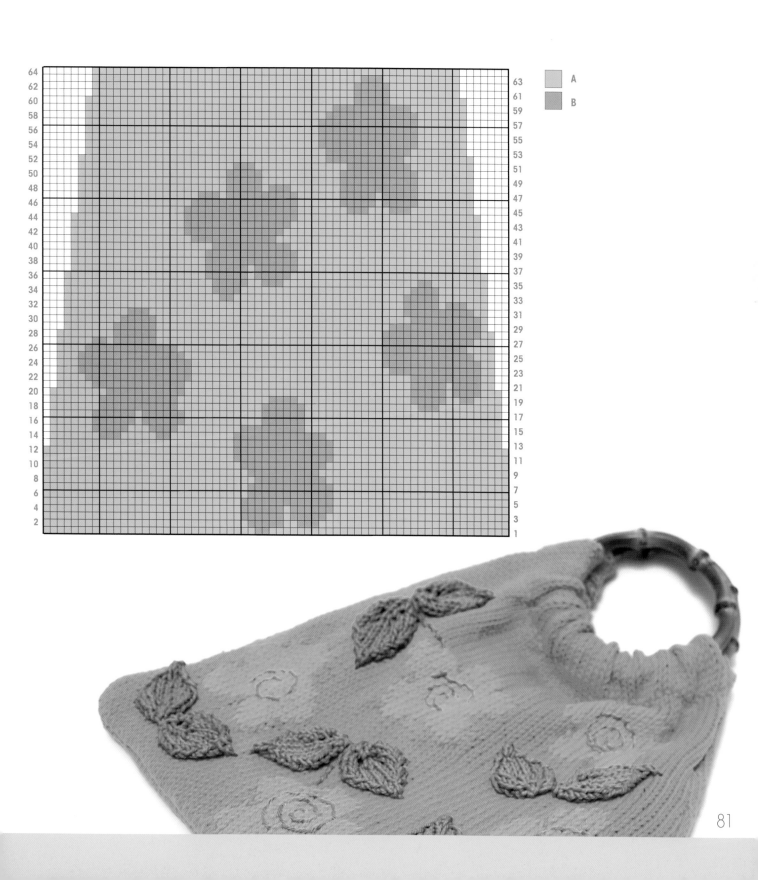

Boutons
et boucles

C'est un sac merveilleusement raffiné et féminin pour des occasions où vous voulez avoir un style sophistiqué. C'est un sac classique qui évoque les chic sacs à main en cuir. Sa couleur neutre s'harmonisera sans aucun doute avec tous les vêtements de votre garde-robe. Un simple point bouclé ajoute une texture subtile et intéressante à la forme élégante du sac, tandis que l'unique bouton attire l'attention.

SECRETS DE CONFECTION RÉVÉLÉS...
La forme de ce sac est si géniale qu'il serait dommage d'en faire un seul ! Pour créer une apparence campagnarde, pensez tweed et accents du terroir, et choisissez une laine profonde de tweed avec de petites taches brillantes de couleur. Ou pensez victorien et choisissez une couleur riche et profonde, comme rouge ou violet, et ajoutez un bouton de jais. Ou pour le look citadin, essayez-le dans un gris chic ou noir avec un authentique bouton de manteau de cuir.

ACCENT SUR LE FIL
J'ai choisi un merveilleux fil brun doux pour recréer l'apparence d'un sac à main en cuir. Ce fil est 100 % laine et montre bien le chouette motif de point bouclé, en formant des creux et des vagues dans le tissu.

Boutons et boucles

MESURES

Le sac fini mesure 10½ po (26,5 cm) de large
et 9 po (23 cm) de haut

RASSEMBLEZ...

Matériel

3 pelotes de laine légère (DK) de 1¾ oz (50 g)
(137 vg / 125 m par pelote), brun pâle

Aiguilles et mercerie

1 paire d'aiguilles n° 5 (3,75 mm)
2 aiguilles double-pointe n° 3 (3,25 mm)
Aiguille à crochet taille E (3,5 mm)
1 gros bouton
17 po (43 cm) de cordonnet de ¼ po (0,6 cm)
d'épais pour les poignées

JAUGE

24 m. et 34 rg aux 4 po (10 cm) mesuré sur
maille texturée avec des aiguilles n° 5 (3,75 mm)

ABREVIATIONS SPECIALES

Aug. de 1 m. Tricoter à l'endroit dans la prochaine
maille du rang précédent.
Aug. de 1 m. Tricoter à l'endroit le brin avant
et le brin arrière de la maille.
Aug. de 1 m. Tricoter à l'envers le brin avant
et le brin arrière de la maille.

Les côtés de ce sac sont formés en utilisant «end. 1 dev. et arr.» et «env. 1 dev. et arr.» (voir page 105 pour les instructions). Le rabat est formé en pointe avec les diminutions suivantes : GGT ; 2 m. ens. end. ; gliss. gliss. 1 m. env. ; et 2 m. ens. env. (voir page 107). La poignée est un cordon tubulaire avec un cordonnet enfilé à l'intérieur pour plus de résistance. Un gros bouton passe à travers une boucle pour fermer le sac.

Tricotez votre sac...

Devant et dos (faire les deux identiques)
En utilisant des aiguilles n° 5 (3,75 mm), montez 29 m.
1er rg : ENVERS Tric. env. jusqu'à la fin.
2e rg : Montez 6 m. ; tric. end. jusqu'à la fin du rg. 35 m.
3e rg : Montez 6 m. ; tric. 1 m. env. ; *3 m. end. ; 3 m. env. ; rép. à partir de * jusqu'à ce qu'il reste 4 m. ; 3 m. end. ; 1 m. env. 41 m.
4e rg : Montez 4 m. ; 5 m. end. ; *1 m. env. ; tric. end. dans la m. du rg précédent ; 1 m. env. ; 3 m. end. ; rép. à partir de * jusqu'à ce qu'il reste 4 m. ; 1 m. env. ; tric. end. dans la m. du rg précédent ; 1 m. env. ; 1 m. end. 45 m.
5e rg : Montez 4 m. ; env. jusqu'à la fin du rg 49 m.
6e rg : end. 1 dev. et arr. ; end. jusqu'à ce qu'il reste 2 m. ; end. 1 dev. et arr. ; 1 m. end.
7e rg : env. 1 dev. et arr. ; 2 m. env. ; *3 m. end. ; 3 m. env. ; rép. à partir de * jusqu'à ce qu'il reste 6 m. ; 3 m. end. ; 1 m. env. ; env. 1 dev. et arr. ; 1 m. env. 53 m.
8e rg : end. 1 dev. et arr. ; *3 m. end. ; 1 m. env. ; tric. end. dans la m. du rg précédent ; 1 m. env. ; rép. à partir de * jusqu'à ce qu'il reste 4 m. ; 2 m. end. ; end. 1 dev. et arr. ; 1 m. end.
9e rg : env. 1 dev. et arr. ; env. jusqu'à ce qu'il reste 2 m. ; env. 1 dev. et arr. ; 1 m. env. 57 m.
10e rg : Comme le 6e rang. 59 m.
11e rg : 4 m. env. ; *3 m. end. ; 3 m. env. ; rép. à partir de * jusqu'à ce qu'il reste 1 m. ; 1 m. env.
12e rg : Comme le 8e rang. 61 m.
13e rg : Env. jusqu'à la fin du rang.
14e rg : Comme le 6e rang. 63 m.
15e rg : 3 m. env. ; *3 m. end. ; 3 m. env. ; rép. à partir de * jusqu'à la fin du rang.
16e rg : 3 m. end. ; *1 m. env. ; tric. end. dans la m. du rg précédent ; 1 m. env. ; 3 m. end. ; rép. à partir de * jusqu'à la fin du rang.
17e rg : Tric. env. jusqu'à la fin.
18e rg : Comme le 6e rang. 65 m.
19e rg : 1 m. env. ; 3 m. end. ; *3 m. env. ; 3 m. end. ; rép. à partir de * jusqu'à ce qu'il ne reste qu'une maille ; 1 m. env.

20e rg : 1 m. end. ; 1 m. env. ; tric. end. dans la m. du rg précédent ; 1 m. env. ; *3 m. end. ; 1 m. env. ; tric. end. dans la m. du rg précédent ; 1 m. env. ; rép. à partir de * jusqu'à ce qu'il reste 1 m. ; 1 m. end.
21e rg : Tric. env. jusqu'à la fin.
22e rg : Comme le 6e rang. 67 m.
23e rg : 5 m. env. ; *3 m. end. ; 3 m. env. ; rép. à partir de * jusqu'à ce qu'il reste 2 m. ; 2 m. env.
24e rg : 5 m. end. ; *1 m. env. ; tric. end. dans la m. du rg précédent ; 1 m. env. ; 3 m. end. ; rép. à partir de * jusqu'à ce qu'il reste 2 m. ; 2 m. end.
25e rg : Tric. env. jusqu'à la fin.
26e rg : Tric. end. jusqu'à la fin.
27e rg : 2 m. env. ; 3 m. end. ; *3 m. env. ; 3 m. end. ; rép. à partir de * jusqu'à ce qu'il reste 2 m. ; 2 m. env.
28e rg : 2 m. end. ; 1 m. env. ; tric. end. dans la m. du rg précédent ; 1 m. env. ; *3 m. end. ; 1 m. env. ; tric. end. dans la m. du rg précédent ; 1 m. env. ; rép. à partir de * jusqu'à ce qu'il reste 2 m. ; 2 m. end.
29e rg : Tric. env. jusqu'à la fin.
30e rg : Tric. end. jusqu'à la fin.
Rép. les rangs 23 à 30 une fois de plus, puis le rang 23.
40e rg : GGT ; 3 m. end. ; *1 m. env. ; tric. end. dans la m. du rg précédent ; 1 m. env. ; 3 m. end. ; rép. à partir de * jusqu'à ce qu'il reste 2 m. ; 2 m. ens. end.
En conservant le modèle texturé, dim. 1 m. (comme pour le 40e rg) à chaque bout de chaque 6e rg suivant jusqu'à ce que vous obteniez 55 mailles.
Cont. sans former jusqu'à ce que le travail mesure approx. 9 po à partir du début, en finissant avec un rang end.
Tournez le tricot (rang raccourci) : Tric. end. jusqu'à la fin. Travaillez 4 rg en jers. end. (1 rg end. ; 1 rg env.) en comm. avec un rg end.
Rabattez.

Rabat (en faire 2)

Note : gardez les bords soignés puisqu'ils seront apparents une fois le sac fini.

En utilisant des aiguilles n° 5 (3,75 mm), montez 55 m.

1er rg : Tric. end. jusqu'à la fin.

2e rg : 2 m. env. ; 3 m. end. ; *3 m. env. ; 3 m. end. ; rép. à partir de * jusqu'à ce qu'il reste 2 m. ; 2 m. env.

3e rg : 2 m. end. ; 1 m. env. ; tric. end. dans la m. du rg précédent ; 1 m. env. ; *3 m. end. ; 1 m. env. ; tric. end. dans la m. du rg précédent ; 1 m. env. ; rép. à partir de * jusqu'à ce qu'il reste 2 m. ; 2m. end.

4e rg : Tric. env. jusqu'à la fin.

5e rg : Tric. end. jusqu'à la fin.

6e rg : 5 m. env. ; *3 m. end. ; 3 m. env. ; rép. à partir de * jusqu'à ce qu'il reste 2 m. ; 2 m. env.

7e rg : 5 m. end. ; *1 m. env. ; tric. end. dans la m. du rg précédent ; 1 m. env. ; 3 m. end. ; rép. à partir de * jusqu'à ce qu'il reste 2 m. ; 2 m. end.

8e rg : Tric. env. jusqu'à la fin.

Rép. ces 8 rg une fois de plus, puis les rg 1 à 4.

Prochain rg : GGT ; tric. selon le patron jusqu'à ce qu'il reste 2 m. ; 2 m. ens. end.

Tric. 1 rg selon le patron.

En conservant la texture du patron, dim. 1 m. à chaque bout du prochain rg et des rg altern. suivants jusqu'à ce que vous obteniez 45 m.

Prochain rg : 2 m. ens. env. ; tric. selon le patron jusqu'à ce qu'il reste 2 m. ; gliss. gliss. env.

Prochain rg : GGT ; tric. selon le patron jusqu'à ce qu'il reste 2 m. ; 2 m. ens. end.

Dim. 1 m. au bout de chaque rg jusqu'à ce que vous obteniez 35 m.

Rabattez 3 m. au début de chaque 2 rg, 4 m. au début des 2 rg suivants et 5 m. sur les 2 rg suivants.

11 m.

Dim. 1 m. au bout de chaque rg jusqu'à ce qu'il reste 3 m.

Rabattez.

Poignée

Bout plat

En utilisant des aiguilles double-pointe n° 3 (3,25 mm), montez 7 m. et, en travaillant aller-retour en tric. rectiligne. Travaillez 6 rg en jers. end. (1 rg end. ; 1 rg env.), en comm. avec un rg env.

Prochain rg : GGT ; 3 m. end. ; 2 m. ens. end. 5 m.

Tric. 1 rg envers.

Cordon tubulaire tricoté

Tric. 1 rg end. Ne tournez pas l'ouvrage mais gliss. les m. sur l'autre bout de l'aiguille. Tirez le fil et tric. encore les m. Rép. jusqu'à ce que la poignée mesure 17 po (43 cm) à partir du bord monté (voir page 121 pour plus de détails sur le cordon tricoté).

Bout plat

En reprenant le travail aller-retour, tric. 1 rg env.

Prochain rg : end. 1 dev. et arr. ; 2 m. end. ; env. 1 dev. et arr. ; 1 m. end. 7 m.

Travaillez 6 rg en jers. end.

Rabattez.

Boucle de boutonnage

En utilisant des aiguilles double-pointe n° 3 (3,25 mm), montez 14 m.

1er rg : 2 m. end. ; rabattez 8 m. ; tric. end. jusqu'à la fin.

2e rg : Tric. end. jusqu'à la fin ; montez 8 m. sur les m. montées du rang précédent.

Rabattez.

Pour terminer...

Rentrez tous les bouts de fil. Pressez selon les instructions sur l'étiquette de la pelote. Joignez le devant et le dos. Repliez la parementure en haut vers l'intérieur et fixez-la en place au point coulé. Cousez la boucle de boutonnage sur la pointe du rabat. Avec les envers face à face, placez les rabats ensemble et cousez-les autour du bord avec un court point avant. Épinglez les rabats en place sur le dos pour couvrir la ligne des points coulés de la parementure. Cousez sur le dos en utilisant un court point avant à travers toutes les épaisseurs. Coupez une longueur de cordon de 17 po (43 cm) de long et enfilez-le à travers la poignée, en vous assurant que les extrémités du cordon sont couvertes par les bouts plats. Utilisez l'aiguille à crochet pour tric. l'échelle de la poignée (voir page 122). Cousez la poignée en place, à côté des coutures de côté et sous les rabats, en tric. des m. à travers le cordon pour bien tenir en place. Repliez le rabat et marquez la position du bouton. Cousez le bouton.

Messager rapide

Le sac de messager est devenu le sac par excellence pour les gens pressés ; il est grand, robuste et l'on peut y accéder rapidement. De plus, il est facile et confortable à porter. C'est un style de sac qui est fortement associé à la vie urbaine moderne - services de courrier en moto, etc. - mais ici, je lui ai donné une apparence traditionnelle, presque rustique, en présentant des motifs à torsades et à cordons qui nous rappellent les chandails de pêcheurs. La texture est robuste et résistante.

Les torsades et les cordons donnent à ce sac un immense attrait pour sa texture – ils sont également satisfaisants et amusants à tricoter.

SECRETS DE CONFECTION RÉVÉLÉS...

Les chandails torsadés des pêcheurs sont tricotés avec de la laine épaisse, donc vous pourriez confectionner ce sac avec une laine d'Écosse 100 % pure, ou avec une laine filée à la main dans une couleur naturelle pour une apparence plus classique. Vous pourriez aussi lui donner une touche moderne en utilisant une rayonne de couleur vive pour plus d'éclat, ou un ruban de velours pour un tissu imitant le suède. Pour une apparence plus chic, essayez un mélange de doux cachemire ou de soie. Pour les écolos, essayez le lin ou le chanvre dans des teintes de terre.

ACCENT SUR LE FIL

Le mélange de coton/soie que j'ai utilisé pour ce sac a une texture merveilleuse ; il est sec, légèrement rugueux et il semble usé même lorsqu'il vient d'être tricoté. J'ai choisi ce fantastique bleu parce qu'il ressemble au denim. Les torsades et les cordons ressortent bien du fond en créant un épais tissu.

Messager rapide

MESURES

Le sac fini mesure 14 po (35,5 cm) de large, 11 po (28 cm) de haut et 1¾ po (4,5 cm) de profond

RASSEMBLEZ...

Matériel

7 pelotes de fil moyen (irlandais) de 1¾ oz (50 g) composé d'un mélange de soie/coton (118 vg / 108 m par pelote), bleu denim

Aiguilles et mercerie

1 paire d'aiguilles n° 7 (4,5 mm)
Aiguille à torsade
Marqueurs de mailles
Doublure de 20 po (51 cm) x 40 po (101,5 cm)
Longueur de 85 po (216 cm) x 1½ po (4 cm) de ruban de toile
1 bouton

JAUGE

19 m. et 25 rg aux 4 po (10 cm) mesuré sur point de riz avec des aiguilles n° 7 (4,5 mm)

Abréviations spéciales

T4D	gliss. 2 m. sur l'aiguille à torsade devant, 2 m. end. ; 2 m. end. sur l'aiguille à torsade.
T4A	gliss. 2 m. sur l'aiguille à torsade derrière, 2 m. end. sur l'aiguille à torsade.
T6D	gliss. 3 m. sur l'aiguille à torsade devant, 3 m. end. ; 3 m. end. sur l'aiguille à torsade.
T6A	gliss. 3 m. sur l'aiguille à torsade derrière, 3 m. end. ; 3 m. end. sur l'aiguille à torsade.
Cr4D	gliss. 1 m. sur l'aiguille à torsade à l'arrière, 3 m. end. ; 1 m. env. sur l'aiguille à torsade.
Cr4G	gliss. 3 m. sur l'aiguille à torsade devant, 1 m. env. ; 3 m. end. sur l'aiguille à torsade.
Cr5D	gliss. 2 m. sur l'aiguille à torsade à l'arrière, 3 m. end. ; 2 m. env. sur l'aiguille à torsade.
Cr5G	gliss. 3 m. sur l'aiguille à torsade devant ; 2 m. env. ; 3 m. end. sur l'aiguille à torsade.
T7D	gliss. 4 m. sur l'aiguille à torsade devant ; 3 m. end. ; gliss. m. env. de retour sur l'aiguille gauche et tricotez-la env. ; 3 m. end. sur l'aiguille à torsade.
FN	(Faire une nope) (1 m. end., 1 m. env.) deux fois dans la prochaine m. et tournez ; 4 m. env. et tournez ; 4 m. end. et tournez ; 2 m. ens. env. ; glis. glis env. et tournez ; 2 m. ens. end.

Les torsades et les cordons ajoutent une touche personnelle à ce sac (voir page 110 pour plus d'informations sur la confection de torsades). La courroie forme aussi les côtés et la base du sac. Un ruban est enfilé à travers la courroie autour du sac pour ajouter de la résistance et empêcher l'étirement. La bandoulière est commodément agrémentée d'une pochette pour cellulaire. Le sac est doublé avec du denim rigide résistant à l'usure pour ajouter du corps et de la résistance.

Panneau A (12 m.)
1er rg : ENDROIT 3 m. env. ; T P3, T6A, 3 m. env.
2e rg : 3 m. end. ; 6 m. env. ; 3 m. end.
3e rg : 1 m. env. ; Cr5D, Cr5G, 1 m. env.
4e rg : 1 m. end. ; 3 m. env. ; 4 m. end. ; 3 m. env. ; 1 m. end.
5e rg : Cr4D, 4 m. env. ; Cr4G.
6e rg : 3 m. env. ; 6 m. end. ; 3 m. env.
7e rg : 3 m. end. ; 6 m. env. ; 3 m. end.
8e rg : Comme le rang 6.
9e rg : Cr4G, 4 m. env. ; Cr4D.
10e rg : Comme le rang 4.
11e rg : 1 m. env. ; Cr5G, Cr5D, 1 m. env.
12e rg : Comme le rang 2.

Panneau B (23 m.)
1er rg : ENDROIT 8 m. env. ; T7A ; 8 m. env.
2e rg : 8 m. end. ; 3 m. env. ; 1 m. end. ; 3 m. env. ; 8 m. end.
3e rg : 6 m. env. ; Cr4D, 1 m. env. ; Cr4G, 6 m. env.
4e rg : 6 m. end. ; 3 m. env. ; 5 m. end. ; 3 m. env. 6 m. end.
5e rg : 4 m. env. ; Cr4D, 5 m. env. ; Cr4G, 4 m. env.
6e rg : 4 m. end. ; 3 m. env. ; 9 m. end. ; 3 m. env. ; 4 m. end.
7e rg : 2 m. env. ; Cr4D, 9 m. env. ; Cr4G, 2 m. env.
8e rg : 2 m. end. ; 3 m. env. ; 13 m. end. ; 3 m. env. ; 2 m. end.
9e rg : 1 m. env. ; Cr4D, 6 ;m. env. ; FN ; 6 m. env. ; Cr4G, 1 m. env.
10e rg : 1 m. end. ; 3 m. env. ; 15 m. end. ; 3 m. env. ; 1 m. end.
11e rg : Cr4D, 15 m. env. ; Cr4G.
12e rg : 3 m. env. ; 17 m. end. ; 3 m. env.
13e rg : 3 m. end. ; (5 m. env., FN) deux fois ; 5 m. env. ; 3 m. end.
14e rg : Comme le rg 12.
15e rg : Cr4G, 15 m. env. ; Cr4D.
16e rg : Comme le rang 10.
17e rg : 1 m. env. ; Cr4G, 6 m. env. ; FN ; 6 m. env. ; Cr4D, 1 m. env.
18e rg : Comme le rg 8.
19e rg : 2 m. env. ; Cr5G, 9 m. env. ; Cr5D, 2 m. env.
20e rg : Comme le rang 6.
21e rg : 4 m. env. ; Cr5G, 5 m. env. ; Cr5D, 4 m. env.

22e rg : Comme le rang 4.
23e rg : 6 m. env. ; Cr5G, 1 m. env. ; Cr5D, 6 m. env.
24e rg : Comme le rang 2.

Panneau C (12 m.)
1er rg : ENDROIT 3 m. env. ; T6D ; 3 m. env.
2e au 12e rg : Travaillez comme pour le panneau A.

Tricotez votre sac...

Rabat et dos

En utilisant des aiguilles n° 7 (4,5 mm), montez 65 m.
Bordure au point de riz
1er rg : ENDROIT 1 m. end. ; *1 m. env. ; 1 m. end. ; rép. à partir de * jusqu'à la fin.
2e rg : 1 m. env. ; *1 m. end. ; 1 m. env. ; rép. à partir de * jusqu'à la fin.
3e rg : Comme le rang 2.
4e rg : Comme le rang 1.
5e rg : Comme le rang 1.
Aug. rg 1 m. env. (1 m. end., 1 m. env.) 3 fois ; (aug. 1 m. en tric. tors le brin situé 2 m. ; 1 m. end. ; 1 m. env. ; 1 m. end. ; aug. 1 m. en tric. tors le brin situé 2 m. ; 1 m. env. ; 1 m. end. ; 1 m. env.) 9 fois ; (1 m. end. ; 1 m. env.) deux fois. 83 m.
Comm. motif torsadé.
**1er rg de base (1 m. env. ; 1 m. end.) deux fois ; 4 m. end. ; 5 m. env. ; 6 m. end. ; 5 m. env. ; 4 m. end. ; 10 m. env. ; 3 m. end. ; 1 m. env. ; 3 m. end. ; 10 m. env. ; 4 m. end. ; 5 m. env. ; 6 m. end. ; 5 m. env. ; 4 m. end. ; (1 m. end. ; 1 m. env.) deux fois.
2e rg de base (1 m. end., 1 m. env.) deux fois ; 3 m. env. ; 5 m. end. ; 6 m. env. ; 5 m. end. ; 4 m. env. ; 10 m. end. ; 3 m. env. ; 1 m. end. ; 3 m. env. ; 10 m. end. ; 4 m. env. ; 5 m. end. ; 6 m. env. ; 5 m. end. ; 4 m. env. ; (1 m. env., 1 m. end.) deux fois.
1er rg : (1 m. end. ; 1 m. env.) deux fois ; T4A ; 2 m. env. ; travaillez 1e rang du panneau A ; 2 m. env. ; T4D ; 2 m. env. ; travaillez rg 1 du panneau B ; 2 m. env. ; T4A ; 2 m. env. ; travaillez 1er rg du panneau C ; 2 m. env. ; T4D ; (1 m. env., 1 m. end.) deux fois.
2e rg : (1 m. env., 1 m. end.) deux fois ; 4 m. env. ; 2 m.

end. ; travaillez 2e rg du panneau C ; 2 m. end. ; 4 m. env. ; 2 m. end. ; travaillez 2e rg du panneau B ; 2 m. end. ; 4 m. env. ; 2 m. end. ; travaillez 2e rg du panneau A ; 2 m. end. ; 4 m. env. ; (1 m. end., 1 m. env.) deux fois.

3e rg : (1 m. env., 1 m. end.) deux fois ; 4 m. end. ; 2 m. env. ; travaillez 3e rg du panneau A ; 1 m. env. ; 4 m. end. ; 2 m. env. ; travaillez 3e rg du panneau B ; 2 m. env. ; 4 m. end. ; 2 m. env. ; travaillez 3e rg du panneau C ; 2 m. env. ; 4 m. end. ; (1 m. end., 1 m. env.) deux fois.

4e rg : (1 m. end., 1 m. env.) deux fois ; 4 m. env. ; 2 m. end. ; travaillez 4e rg du panneau C ; 2 m. end. ; 4 m. env. ; 2 m. end. ; travaillez 4e rg du panneau B ; 2 m. end. ; 4 m. env. ; 2 m. end. ; travaillez 4e rg du pann A ; 2 m. end. ; 4 m. env. ; (1 m. env., 1 m. end.) deux fois. **

Ces 4 rangs forment les bordures au point de riz et les petites torsades, et montent les panneaux A, B et C.

Cont. en motif torsadé, en comm. avec le 5e rg des panneaux, jusqu'à ce que le rabat mesure approx. 11 po (28 cm) à partir du début, en finissant avec le 14e rg du panneau B.

Dim. le rg (1 m. env., 1 m. end.) 3 fois ; 1 m. env. ; (2 m. ens. end. ; 1 m. env. ; 1 m. end. ; 2 m. ens. env. ; 1 m. end. ; 1 m. env.) 9 fois ; (1 m. end. ; 1 m. env.) deux fois. 65 m.

Cont. en point de riz jusqu'à ce que le dos mesure la même longueur que le rabat, en finissant avec un rang endroit.

Rabattez selon le motif.

Devant

En utilisant des aiguilles n° 7 (4,5 mm), montez 83 m.
Commencez le motif torsadé.

Travaillez comme pour le rabat à partir de ** jusqu'à **, mais remplacez les bordures de point de riz avec le jers. end. - env. sur la 1re et les 4 dernières m. sur les rg endroits et end. sur la 1re et les 4 dernières m. sur les rangs envers.

EN OMETTANT LES NOPES DU PANNEAU B (tric. 1 m. env. au lieu de FN), cont. selon le motif torsadé, en comm. avec le 5e rg des panneaux, jusqu'à ce que le devant mesure approx. 10 po (25,5 cm) à partir du début, en finissant avec le 14e rg du panneau B.

Dim. un rang (1 m. env., 1 m. end.) 3 fois ; 1 m. env. ; (2 m. ens. end., 1 m. env., 1 m. end., 2 m. ens. env., 1 m. end., 1 m. env.) 9 fois ; (1 m. end., 1 m. env.) deux fois. 65 m.

Travaillez 4 rg en point de riz tel que pour le rabat.

Rabattez selon le motif.

Goussets/bandoulière (en faire 2)

En utilisant des aiguilles n° 7 (4,5 mm), montez 8 m.
Travaillez en jers. end. (1 rg end, 1 rg env.) jusqu'à ce que le gousset mesure 11 po (28 cm) à partir du début. Placez un marqueur à la fin du rang.

Travaillez un autre segment de 14 po (35,5 cm) en jers. end. à partir du 1er marqueur et placez un second marqueur à la fin du rg.

Travaillez un autre segment de 11 po (28 cm) en jers. end. ; à

partir du 2e marqueur et placez un 3e marqueur à la fin du rg. Cont. en jers. end. jusqu'à ce que la bandoulière mesure 45 po (114,5 cm) à partir du 3e marqueur.

Rabattez.

Poche

En utilisant des aiguilles n° 7 (4,5 mm), montez 14 m.

1er rg : 1 m. env. ; 3 m. end. ; 6 m. env. ; 3 m. end. ; 1 m. env.

2e rg : 1 m. end. ; 3 m. env. ; 6 m. end. ; 3 m. env. ; 1 m. end.

3e rg : 1 m. env. ; travaillez le 9e rg du panneau C ; 1 m. env.

4e rg : 1 m. env. ; travaillez le 10e rg du panneau C ; 1 m. end.

5e rg : 1 m. env. ; travaillez le 11e rg du panneau C ; 1 m. env.

6e rg : 1 m. env. ; travaillez le 12e rg du panneau C ; 1 m. env.

Prochain rg : Montez 4 m. ; 5 m. env. (incluant les 4 m. que vous venez de monter) ; travaillez le 1er rg du panneau C ; 1 m. env.

Prochain rg : Montez 4 m. ; 5 m. end. (incluant les 4 m. que vous venez de monter) ; travaillez le 2e rg du panneau C ; 5 m. end. ; 22 m.

Prochain rg : 5 m. env. ; travaillez le 3e rg du panneau C ; 5 m. env.

Prochain rg : 5 m. end. ; travaillez le 4e rg du panneau C ; 5 m. end.

Cont. selon le motif torsadé en comm. avec le 5e rg du panneau C, jusqu'à ce que la poche mesure approx. 5 po (12,5 cm) à partir du début, en finissant avec le 2e rg du panneau C.

Dim. rg (1 m. end., 1 m. env.) 3 fois ; 2 m. ens. end. ; 1 m. env. ; 1 m. end ; 2 m. ens. env. ; 1 m. end. ; 1 m. env. ; 2 m. ens. end. ; (1 m. env., 1 m. end.) 3 fois. 19 m.

Travaillez 4 rg en point de riz tel que pour le rabat.

Rabattez selon le motif.

Rabat de la poche

En utilisant des aiguilles n° 7 (4,5 mm), montez 11 m.
Travaillez 4 rg au point de riz tel que pour le rabat.

Rg boutonnière : Tric. 5 m. selon le motif ; 1 jeté ; 2 m ens. end. ; cont. selon le motif jusqu'à la fin.

Cont. au point de riz jusqu'à ce que le rabat mesure 2½ po (6 cm) à partir du début, en finissant avec un rg env.

Dim. 1 m. à chaque bout du prochain rg.

2 rg selon le motif

Rabattez selon le motif.

Pour terminer...

Rentrez tous les bouts de fil. Pressez selon les instructions sur l'étiquette de la pelote de fil.

Doublure

Mesurez la largeur et la longueur du rabat et du dos. Ajoutez une marge pour un ourlet de 1½ po (4 cm) à chacune de ces mesures. Dessinez un rectangle de cette taille sur une feuille et coupez-le. Épinglez le patron en papier sur le tissu de la doublure et coupez. Tournez sous 1 po (2,5 cm) de chaque bord et pressez. Épinglez la doublure sur l'envers du rabat et du dos, et fixez-la en position avec un point coulé (il y aura un petit vide tout autour). Faites une doublure pour le devant de la même façon et cousez-la en place. Prenez un gousset/bandoulière et épinglez-le autour du devant, en commençant à la bordure gauche supérieure, en assemblant le premier marqueur au coin inférieur gauche, le deuxième au coin inférieur droit et un dernier au bord supérieur droit. Essayez le sac et raccourcissez ou allongez la bandoulière à la longueur désirée. Joignez les extrémités du gousset et de la bandoulière. Cousez l'autre bord au dos de la même manière. Joignez les coins de poche ensemble. Placez sur l'endroit de la bandoulière à 6 po (15 cm) au-dessus du sac et cousez les bords des poches à plat sur la bandoulière. Cousez le rabat au-dessus, puis repliez-le et cousez le bouton. Avec les envers face à face, cousez le deuxième gousset/bandoulière à l'intérieur de la première pièce. Laissez le bout ouvert. Enfilez le ruban de toile à travers la bandoulière et les goussets. Coupez à la bonne longueur et joignez les extrémités ensemble. Cousez les extrémités de la bandoulière ensemble.

Sacs Bouquet

Les jardins sont une grande source d'inspiration pour la mode – pensez au nombre de tissus floraux que nous voyons chaque été – et les jolis sacs-bracelets présentés dans cette section sont inspirés par deux des fleurs les plus populaires : les marguerites et les roses. Le joli sac en marguerite, à l'apparence fraîche, en coton éclatant, convient à titre de sac de tous les jours. La bourse Pétale de rose (voir page 93), dans une palette de pastel sophistiquée et faite d'un fil de soie brillant, rend ce sac-bracelet parfait pour une occasion des plus spéciales.

SECRETS DE CONFECTION RÉVÉLÉS...

Pensez à d'autres fleurs que vous pourriez créer avec ce modèle. Tricotez les cinq pétales en rose, jaune ou orangé. Changez la couleur de fond pour un vert plus doux ou une autre couleur : bleu ciel ou des tons naturels de terre. Pourquoi ne pas ajouter des pétales de plus ? Tricotez-les de la même taille et fixez-les par la base seulement ; laissez frisotter les bouts pour obtenir une fleur tridimensionnelle. Choisissez un chaud rose pour un gerbera ou un violet pour une fleur de la passion. Ajoutez un autre cercle de pétales, plus petit cette fois, et travaillez en rose pâle pour un dahlia. Augmentez le pétale de seulement neuf ou sept mailles, et diminuez ensuite.

ACCENT SUR LE FIL

Le choix de fil pour ce sac était évidemment le coton mercerisé ; il est léger, frais et crée un tissu lisse. Le vert pré vif est le fond parfait pour les pétales blancs de la marguerite et les perles jaune soleil au centre.

Au temps des marguerites

MESURES

Le sac fini mesure 5 po (12,5 cm) de diamètre,
3 po (7,5 cm) de large et
2 po (5 cm) de haut

RASSEMBLEZ...

Matériel

A 1 pelote de fil de coton léger (4 brins) de 1¾ oz
(50 g) (125 vg / 115m par pelote), vert

B 1 pelote de fil de coton léger (4 brins) de 1¾ oz
(50 g) (125 vg / 115m par pelote), blanc

Aiguilles et mercerie

1 paire d'aiguilles n° 3 (3 mm)
1 bouton et une pièce de tissu jaune
pour le recouvrir
Perles jaunes
Fermeture à glissière de 4 po (10 cm)
pour le sac à main

JAUGE

24 m. et 32 rg aux 4 po (10 cm) mesuré sur jers.
end. avec des aiguilles n° 3 (3 mm) et le fil A.

Deux cercles, formés en utilisant GGT, sont cousus ensemble pour former ce sac amusant. Le bracelet est fabriqué au simple point mousse et une boucle ferme le sac. Les pétales sont formés en aug. 1 m. et dim. à un point utilisant GGT et « 2 m. ens. end. » (voir pages 105 et 107). La bourse d'accompagnement est décorée de marguerites (voir page 120) et fermée avec une fermeture à glissière (voir page 117). Elle est reliée au plus grand sac par un cordon tressé.

Tricotez votre sac...

Dos et devant (en faire deux semblables)
En utilisant des aiguilles n° 3 (3 mm) et le fil A, montez 90 m.
1er rg et tous les rg envers suivants : Tric. envers jusqu'à la fin.
2e rg : 1 m. end. ; (GGT, 9 m. end.) 8 fois ; 1 m. end. 82 m.
4e rg : 1 m. end. ; (GGT, 9 m. end.) 8 fois ; 1 m. end. 74 m.
6e rg : 1 m. end. ; (GGT, 7 m. end.) 8 fois ; 1 m. end. 66 m.
8e rg : 1 m. end. ; (GGT, 7 m. end.) 8 fois ; 1 m. end. 58 m.
Cont. à dim., en travaillant 1 m. de moins entre les dim. jusqu'à ce qu'il reste 10 m.
Coupez le fil et enfilez-le à travers les m. restantes. Tirez fermement et arrêtez les m.

Pétales de marguerite (en faire 5)
En utilisant des aiguilles n° 3 (3 mm) et le fil B, montez 3 m.
1er rg et tous les rg envers suivants : Tric. env. jusqu'à la fin.
2e rg : 1 m. end. ; (aug. 1 m. en tric. tors le brin situé entre deux mailles) deux fois. 5 m.
4e rg : 2 m. end. ; aug. 1 m. en tric. tors le brin situé entre 2 m. ; 1 m. end. ; aug. 1 m. en tric. tors le brin situé entre 2 m. ; 2 m. end. 7 m.
6e rg : 3 m. end. ; aug. 1 m. en tric. tors le brin situé entre 2 m. ; 1 m. end. ; aug. 1 m. en tric tors le brin situé entre 2 m. ; 3 m. end. 9 m.
8e rg : 4 m. end. ; aug. 1 m. en tric. tors le brin situé entre 2 m. ; 1 m. end. ; aug. 1 m. en tric. tors le brin situé entre 2 m. ; 4 m. end. 11 m.
10e rg : GGT ; 7 m. end. ; 2 m. ens. end. 9 m.
12e rg : GGT ; 4 m. end. ; 2 m. ens. end. 7 m.
14e rg : GGT ; 3 m. end. ; 2 m. ens. end. 5 m.
16e rg : GGT ; 1 m. end. ; 2 m. ens. end. 3 m.
18e rg : Gliss. 1 m. ; tric. 2 m. ens. end. ; passant la m. gliss. par-dessus la m. tric.
Coupez le fil et enfilez-le à travers les m. restantes.

Poignée
En utilisant des aiguilles n° 3 (3 mm) et le fil A, montez 60 m.
Tric. 2 rg end.
Rabattez.

Boucle
En utilisant des aiguilles n° 3 (3 mm) et le fil A, montez 20 m.
Tric. 2 rg end.
Rabattez.

Tricotez votre sac à main...

Dos et devant (faire les 2 semblables)
En utilisant des aiguilles n° 3 (3 mm) et le fil A, montez 18 m.
Travaillez 2 po (5 cm) en jers. end. (1 rg end., 1 rg env.), en finissant avec un rg env.
Rabattez à l'envers.

Pour terminer...

Rentrez tous les bouts de fil. Pressez selon les instructions sur l'étiquette de la pelote. Sur le tissu jaune qui servira à recouvrir le bouton, tracez la ligne du contour du bouton. Cousez des perles jaunes pour remplir ce cercle. Recouvrez le bouton selon les instructions du fabricant. Cousez les cinq pétales sur le devant pour former une fleur, plaçant les points au bord extérieur. Cousez le bouton dans le centre. Placez le devant et le dos ensemble avec les envers face à face. Laissant un espace de 4 po (10 cm) dans le haut, cousez autour de l'extérieur avec un point piqué régulier, puisque la couture sera apparente. Cousez chaque extrémité de la poignée sur le bord supérieur du dos à 1 po (2,5 cm) de distance. Cousez chaque extrémité de la boucle sur le devant à 1 po (2,5 cm) de distance. Coupez trois longueurs de 10 po (25,5 cm) de fil A. Tressez-les (voir page 121) et attachez une des extrémités à l'intérieur du sac sur une couture de côté.

Sac à main

À l'aide du fil B, cousez deux ou trois marguerites (voir page 120) sur le devant et le dos. Cousez la fermeture à glissière en place le long des bords rabattus du devant et du dos. Si votre fermeture à glissière est trop longue, cousez plusieurs solides points de liage autour des dents de la fermeture à glissière à 4 po (10cm) du bout de l'ouverture. Coupez ensuite la longueur excédante. Joignez les coutures latérales et celles de la base, en rentrant toute longueur excédentaire de fermeture à glissière à l'intérieur et en cousant l'extrémité de la tresse dans le haut d'une couture latérale pour joindre le sac à main au plus grand sac.

Sac à main Pétales de rose

MESURES
Le sac fini mesure 5 po (12,5 cm) de diamètre ;
le sac à main mesure 3 po (7,5 cm) de large
et 2 po (5 cm) de haut

RASSEMBLEZ...
Matériel
A 1 pelote de fil de soie léger (4 brins) de 1¾ oz
(50 g), (136 vg / 125 m par pelote), vert pâle
B 1 pelote de fil de soie léger (4 brins) de 1¾ oz
(50 g), (136 vg / 125 m par pelote), jaune pâle

Aiguilles et mercerie
1 paire d'aiguilles n° 6 (4 mm)
Gros bouton
Fermeture à glissière de 4 po (10 cm)
pour le sac à main

JAUGE
24 m. et 32 rg aux 4 po (10 cm) mesuré sur jers.
end. avec des aiguilles n° 6 (4 mm) et le fil A.

ACCENT SUR LE FIL
J'ai choisi le fil de soie pour donner à ce sac une
sensation douce et luxueuse ; la soie ajoute aux
couleurs pâles un doux reflet. Ce sac n'a pas la
structure du sac en marguerite ; il rappelle plutôt
un grand corsage en soie, épinglé à une élégante
robe de soirée. Je l'ai tricoté sur de plus grandes
aiguilles pour réaliser la bonne jauge.

Cette version est confectionnée exactement de la même façon que le sac en marguerite ; la seule différence est la forme des pétales et le fil utilisé. Au lieu des pétales pointus, les pétales de rose sont plus larges avec un bout plat et ils sont disposés en quatre couches. Les pétales des trois couches supérieures sont cousus seulement aux pointes pour permettre aux extrémités de se recourber, et ainsi créer une merveilleuse fleur galbée.

Tricotez votre sac...
Dos, devant, poignée, boucle et sac à main
Travaillez comme pour le sac Au temps des marguerites.

Grands pétales de rose (en faire 10)
En utilisant des aiguilles n° 6 (4 mm) et le fil B, montez 3 m.
1er rg et chaque rg endroit suivant : Tric. env. jusqu'à la fin.
2e rg : 1 m. end. ; (aug. 1 m. en tric. tors le brin situé entre deux mailles, 1 m. end.) deux fois. 5 m.
4e rg : 2 m. end. ; aug. 1 m. en tric. tors le brin situé entre 2 m. ; 1 m. end. ; 1 m. end. ; aug. 1 m. en tric. tors le brin situé entre 2 m. ; 1 m. end. ; 2 m. end. 7 m.
6e rg : 3 m. end. ; aug. 1 m. en tric. tors le brin situé entre 2 m., 1 m. end. ; 1 m. end. ; aug. 1 m. en tric. tors le brin situé entre 2 m. ; 1 m. end. ; 3 m. end. 9 m.
8e rg : 4 m. end. ; aug. 1 m. en tric. tors le brin situé entre 2 m. ; 1 m. end. ; 1 m. end. ; aug. 1 m. en tric. tors le brin situé entre 2 m. ; 1 m. end. ; 4 m. end. 11 m.
10e rg : 5 m. end. ; aug. 1 m. en tric. tors le brin situé entre 2 m. ; 1 m. end. ; aug. 1 m. en tric. tors le brin situé entre 2 m. ; 5 m. end. 13 m.
12e rg : 6 m. end. ; aug. 1 m. en tric. tors le brin situé entre 2 m. ; 1 m. end. ; aug. 1 m. en tric. tors le brin situé entre 2 m. ; 6 m. end. 15 m.
14e rg : GGT ; 11 m. end. ; 2 m. ens. end. 13 m.
16e rg : GGT ; 9 m. end. ; 2 m. ens. end. 11 m.
18e rg : GGT ; 7 m. end. ; 2 m. ens. end. 9 m.
20e rg : GGT ; 5 m. end. ; 2 m. ens. end. 7 m.
Rabattez.

Petits pétales de rose (en faire 10)
Travaillez les rg 1 à 11 comme pour les gros pétales de rose (13 m.) et ensuite rg 16 à 20.
Rabattez.

Pour terminer...
Rentrez tous les bouts de fil. Pressez selon les instructions sur l'étiquette de la pelote. Cousez cinq grands pétales sur le devant pour former une fleur, plaçant les extrémités plates sur le bord extérieur pour les coucher à plat. Cousez une deuxième couche de cinq grands pétales sur le haut, plaçant chaque pétale dans l'espace sur la couche du fond et laissant les extrémités libres de se recourber. Cousez deux couches de cinq petits pétales chacune sur le haut en alternant les positions comme auparavant, et en cousant les extrémités pointues seulement. Cousez le bouton dans le centre. Finissez le reste du plus grand sac et du sac à main comme celui des marguerites.

SECRETS DE CONFECTION RÉVÉLÉS...
La forme de pétale la plus plate peut être utilisée pour tricoter beaucoup d'autres types de fleurs ; grandes fleurs exotiques aux couleurs vives ou les plus doux camélias et clématites. Classez les couleurs en allant de pâle à foncé à travers les couches ou ajoutez une couleur contrastante pour la couche supérieure seulement. Utilisez ce sac en hiver aussi, en le confectionnant en laine avec une fleur de soie brillante ou en chenille avec des pétales de doux fil de mohair.

Fabuleux
Fair Isle

La technique de tricot coloré *Fair Isle* est utilisée pour confectionner ce sac à main ; des motifs traditionnels sont retravaillés dans des bleus doux et un vert métallique. Le sac est monté sur un cadre décoratif argenté, lequel ferme avec un bouton-pression et possède des attaches pour une poignée en cordon torsadé ou une chaîne. Il s'agit d'un sac à main d'allure distinguée qui vaut la peine que l'on y mette du temps et de l'attention. Le modèle rappelle les anciennes tapisseries, tandis que l'ajout du cadre argenté donne au sac à main une élégance antique.

*Le tricot **Fair Isle** peut sembler une technique complexe au début, mais il vaut la peine de persévérer pour réaliser ces fabuleux motifs colorés.*

ACCENT SUR LE FIL

J'ai rassemblé une gamme de mélanges de cotons dans des tons de bleu pour le fond, mais tenez-vous-en à quatre fils seulement : deux cotons en denim jaspé pâle et foncé, ainsi que des bleu-violet pâle et foncé. En les combinant l'un avec l'autre, le sac a l'air plus compliqué qu'il ne l'est en réalité. J'ai voulu introduire un fil métallique pour que le sac s'harmonise mieux au cadre métallique. J'ai trouvé ce merveilleux fil vert marin pâle avec un fil métallique ; il a un effet jaspé et se mêle ainsi avec le fond. Cela produit un merveilleux contraste avec les couleurs franches.

SECRETS DE CONFECTION RÉVÉLÉS...

Pour ce modèle, on peut tricher sans se culpabiliser ! Si vous ne voulez pas tricoter selon la méthode *Fair Isle*, vous pouvez tricoter le fond et ensuite broder les motifs dessus. C'est beaucoup plus rapide et plus soigné, si vous n'aimez pas travailler avec deux fils en même temps. Bien que j'aie utilisé seulement quatre couleurs pour le fond, vous pourriez en utiliser plus. Choisissez des tons clairs et foncés de la même couleur pour chaque rayure du modèle. Ce sac à main serait sûrement extraordinaire dans une gamme de rouges et d'orangé ardent avec un motif or métallique, monté sur un cadre doré. Vous pourriez choisir un cadre plus lisse, plus moderne et utiliser des couleurs contemporaines, comme des turquoises et des bruns, ou des roses et des verts lime.

Couleurs classiques

MESURES

8½ po (21,5 cm) de long, 6½ po (16,5 cm)
de large dans le haut
et 8 po (20,5 cm) à la base

RASSEMBLEZ...

Matériel

A 1 pelote de fil moyen (Irlandais) de 1¾ oz
(50 g) avec un fil métallique (126 vg / 115 m
par pelote), vert marin pâle

B 1 pelote de coton léger (DK) de 1¾ oz (50 g),
(115 vg / 106 m par pelote), bleu-violet foncé

C 1 pelote de coton léger (DK) de 1¾ oz (50 g),
(104 vg / 95 m par pelote), bleu-violet

D 1 pelote de fil léger (DK) de 1¾ oz (50 g)
composé d'un mélange de cotons (104 vg / 95 m
par pelote/écheveau), en denim jaspé léger bleu

E 1 pelote de fil léger (DK) de 1¾ oz (50 g)
composé d'un mélange de cotons (104 vg / 95 m
par pelote/écheveau), en denim jaspé bleu foncé

Aiguilles et mercerie

1 paire d'aiguilles n° 6 (4 mm)
Le cadre du sac à main ayant une mesure interne
maximale de 6 po (15 cm)
Fil à coudre résistant dans une couleur
assortie au cadre

JAUGE

23 m. et 26 rg aux 4 po (10 cm) mesuré sur motif
Fair Isle avec des aiguilles n° 6 (4 mm)

Je vous propose deux méthodes pour faire ce sac : vous pouvez le tricoter en utilisant la technique *Fair Isle* (voir ci-dessous) ou vous pouvez utiliser le modèle du reprisage suisse (voir pages 98-99 et 120). Ce sac à main est structuré à l'aide d'un cadre métallique (voir page 119) ; ceux-ci sont disponibles dans une vaste gamme de styles et de finis. Les côtés sont diminués pour donner au sac sa forme évasée.

Une note sur la technique...

Le Fair Isle est la technique de tricot avec deux couleurs par rang. Parce que vous utilisez seulement deux couleurs, vous pouvez utiliser le fil directement de la pelote sans devoir enrouler de pelotes, comme pour l'intarsia (voir pages 108-109). On laisse courir le fil de la couleur qui n'est pas utilisée derrière les mailles de la couleur utilisée, et ce, de manière lâche. Ce principe est appelé *Jacquard*. Le fil non utilisé ne doit pas être trop serré. S'il devait l'être, le tricot froncerait et ne resterait pas à plat. Lorsque vous changez de couleur, répandez les points qui viennent d'être travaillés sur l'aiguille, prenez la nouvelle couleur derrière eux et continuez à tricoter avec la nouvelle couleur.

Tenir les couleurs

Vous pouvez tenir les deux couleurs ensemble dans votre main ou une à la fois. Pour tenir les deux couleurs, enveloppez-les ensemble sur votre main droite comme vous feriez normalement. Ayez le fil de l'ouvrage sur l'index ; tricotez avant ou arrière le nombre requis de mailles, laissez-le tomber ensuite de ce doigt et prenez l'autre couleur avec le doigt. Utilisez cette technique pour travailler le nombre requis de mailles, puis changez de couleur de la même façon. Relevez toujours la couleur de fond (B, C, D ou E) de sous la couleur du motif (A), et relevez la couleur du motif par-dessus la couleur de fond. De cette façon, les fils ne se tordront pas.

Pour tenir un fil à la fois, laissez tomber de votre main la couleur de l'ouvrage et prenez la nouvelle couleur, l'enveloppant autour de votre main comme d'habitude. Voir la note ci-dessus concernant les couleurs pour qu'elles ne deviennent pas torsadées.

Tricotez votre sac...

Devant et dos (faire les 2 semblables)
En utilisant les aiguilles n° 6 (4 mm), montez 53 m.
Commencez le graphique.
En lisant les rg endroit (impairs) de droite à gauche et les rg envers (pairs) de gauche à droite, et dim. 1 m. à chaque bout du 9e et tous les prochains 4e rangs jusqu'à ce que vous ayez 39 mailles, travaillez en jers. endroit jusqu'à ce que le rang 56 ait été complété.
Rabattez.

Pour terminer...

Rentrez tous les bouts de fil. Pressez selon les instructions sur les pelotes.

Doublure

Utilisez le devant pour faire une doublure simple afin que le sac prenne sa forme (page 115).

Coudre dans l'armature du sac

Divisez le bord supérieur de chacune des pièces tricotées en quart ; placez un marqueur dans la maille du centre au bord supérieur, pliez chaque coin au centre et placez un marqueur sur les plis. Ouvrez le fermoir du sac. Si vous utilisez un fermoir courbé, placez une épingle à travers le trou au coin naturel. Un fermoir carré aura un coin évident. Placez une épingle à travers le trou du centre sur le bord supérieur du fermoir. Comptez les trous entre les épingles de coin et l'épingle du centre, et placez une épingle pour les diviser en deux. Accordez ces épingles aux coins et aux marqueurs sur le devant. Enfilez une aiguille pointue. Attachez bien le fil à coudre à la maille du centre, passez l'aiguille vers le haut par le trou du centre sur le fermoir, vers le bas par le trou à sa droite et vers le bas à travers le tissu tricoté. Remontez-la à travers le tricot et par le trou adjacent suivant. Continuez de cette façon jusqu'au coin, en faisant entrer doucement tout excès de tissu au fur et à mesure que vous cousez. Travailler vers l'arrière le long de la lignée de mailles sur le fermoir en remplissant chaque autre maille pour produire une ligne continue de mailles. Attachez bien le fil au centre et répétez pour l'autre côté. Retournez l'ouvrage et le fermoir, et faites la même chose avec l'autre pièce tricotée.

Cousez les bords de côté dans le fermoir de la même façon en vous assurant que le tissu n'est ni étiré ni resserré. Joignez chaque bord de côté à la base du fermoir. Joignez la couture du fond. Rentrez les coins et, sur le côté envers, cousez à travers les mailles à 1 po (2,5 cm) du bout.

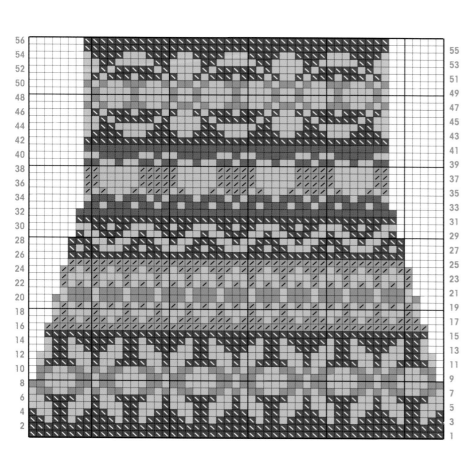

	A
╱	B
	C
╱	D
	E

Transformation rétro

MESURES

8½ po (21,5 cm) de long, 7½ po (19 cm) de large
dans le hautet 10½ po (26 cm) dans le bas

RASSEMBLEZ...
Matériel

A 1 pelote de fil métallique léger (4 brins) de
oz (25 g), (218 vg / 200 m par pelote), doré

B 1 pelote de fil de coton léger (DK) de 1¾ oz
(50 g), (93 vg / 85 m par pelote), rouge

C 1 pelote de fil moyen (irlandais) de 1¾ oz
(50 g) composé d'un mélange de cotons, (118 vg /
108 m par pelote), couleur saumon

D 1 pelote de fil de coton léger (DK) de 1¾ oz
(50 g), (125 vg / 115 m par pelote), orange pâle

E 1 pelote de fil de coton léger (DK) de 1¾ oz
(50 g), (92 vg / 84 m par pelote) orange

Aiguilles et mercerie

1 paire d'aiguilles n° 6 (4 mm)
Poignée perlée
Tissu à doublure de 9¾ po
(24,5 cm) x 18½ po (47 cm)

JAUGE

20 m. et 28 rg aux 4 po (10 cm) mesuré sur jers.
end. avec des aiguilles n° 6 (4 mm) et le fil B

Comme alternative à la technique *Fair Isle*, vous pouvez broder le motif en utilisant le reprisage suisse (voir page 120). Le fond est tricoté d'abord ; suivez le graphique en omettant le modèle et vous obtiendrez un tissu rayé. Le modèle est appliqué au devant seulement, avec le dos laissé comme un mélange de rayures flamboyantes rouges et orange. Bien qu'il ait la même forme que la version bleue, celui-ci a une apparence complètement différente avec une poignée perlée qui reprend les couleurs du tricot. Et parce que vous ne reliez pas le fil sur le dos du tissu, la jauge est plus lâche, rendant le sac légèrement plus grand.

Devant et dos (En faire 2 semblables)

En utilisant des aiguilles n° 6 (4 mm) et le fil B, montez 53 m. Commencez le graphique ; en travaillant seulement les couleurs de fond (B, C, D et E) et en omettant le motif de la charte A, travaillez ces mailles dans la couleur de fond sur laquelle ils sont appliqués :
Lire les rangs ENDROIT (impairs) de droite à gauche et les rangs ENVERS (pairs) de gauche à droite ainsi qu'une dim. de 1 m. à chaque bout du 9ᵉ et de tous les 4ᵉ rangs suivants jusqu'à ce que vous obteniez 39 m., travaillez en jers. end. (1 rg end. ; 1 rg env.) jusqu'à ce que le 56ᵉ rg ait été complété.

En tournant le rang U avec le fil B, tric. env. jusqu'à la fin. Avec le fil B, travaillez 4 rg en jers. end., en comm. avec un rang envers.
Rabattez.

Pour terminer...

Rentrez tous les bouts de fil. Pressez selon les instructions sur l'étiquette de la pelote de fil.

Doublure

Utilisez le devant pour faire une doublure simple ayant la même forme que le sac (page 115).
En travaillant à partir du graphique et en utilisant 2 brins de fil A, reprisez selon la méthode suisse (voir page 120) d'après le motif, sur le devant seulement.
Joignez les coutures de côté et la couture du fond. Pliez la parementure le long du bord supérieur et fixez-la en place au moyen de points coulés. Fixez la poignée à chaque couture de côté. Avec les envers face à face, glissez la doublure dans le sac et fixez-la soigneusement en place autour du haut du sac.

Note : *Le reprisage suisse ajoute un motif au sac. C'est un point de broderie qui imite les mailles tricotées. Ce sac pourrait également être tricoté en utilisant la technique* **Fair Isle** *(voir les détails à la page 96).*

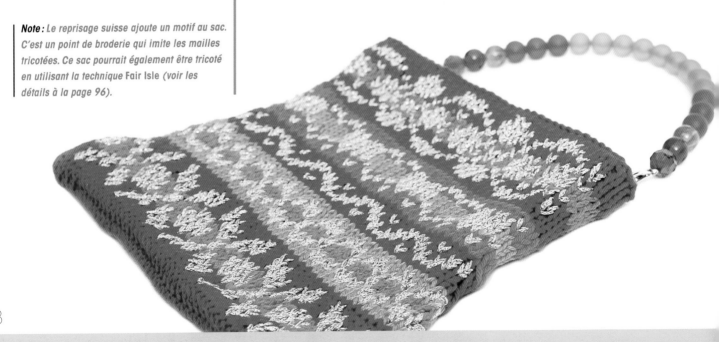

ACCENT SUR LE FIL

Ici, la palette de couleurs est sensationnelle : rouge, orange et or. J'ai choisi deux tons de rouge, soit un rouge intense et un rouge saumon plus pâle, pour contraster avec la vive couleur mandarine lumineuse et l'orange plus intense et relevé. Même en utilisant une seule fibre, j'ai choisi un mélange de textures : un coton mercerisé léger, un lisse coton mat et un mélange de coton/soie qui ajoutent de la valeur au tissu tricoté. Le fil métallique or est craquant et résistant, et ajoute une autre texture au mélange. Le reprisage suisse peut couvrir complètement les mailles de fond ; j'ai utilisé deux brins de fil mince pour la broderie, et cela laisse paraître le fond. J'aime cet effet « imparfait » parce qu'il mélange les couleurs ensemble et le motif devient partie intégrante du fond.

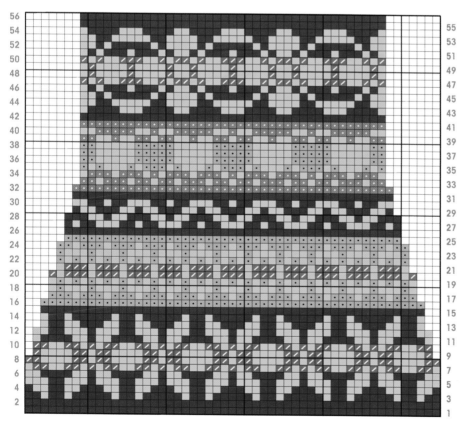

A	
B	
C	
D	
E	

SECRETS DE CONFECTION RÉVÉLÉS...

La version bleue de ce sac est douce et classique, tandis que la version rouge est brillante et moderne : un tout nouveau style a été créé juste en changeant la palette de couleurs et la poignée. Pourquoi ne pas utiliser de la laine de tweed traditionnelle dans des tons de bruyère et de terre avec un motif de couleur moutarde ? Vous pourriez aussi essayer la richesse de la soie dans des violets et des mauves avec un luxueux bourgogne intense. Choisissez simplement deux ensembles complémentaires de couleurs ; des tons sombres et légers dans chacun des ensembles, et une couleur contrastante pour le motif . Optez pour des fils légers (DK) – bien que j'aie aussi utilisé un fils moyen (irlandais) pour la couleur : le fil plus épais a ajouté de la texture au mélange.

Tout est dans le détail...

Montage

La plupart des tricoteuses ont leur méthode de montage préférée, je n'ai donc pas spécifié la méthode à préconiser dans les projets. Cependant, plusieurs des sacs sont formés en montant des mailles au début d'un rang ; le sac *Improvisé* (pages 32-35) et le sac *Boutons et Boucles* (pages 82-85) sont tous les deux formés ainsi. Vous devriez favoriser le montage torsadé pour celui-ci. Il est aussi largement utilisé pour le sac *Danse carrée* (pages 68-71), où le montage torsadé façonne les formes. Le montage torsadé est aussi utilisé pour travailler des boutonnières qui servent de fermetures et pour attacher des bandoulières. Vous pouvez bien sûr l'utiliser pour monter des mailles au début d'un projet ; il fait un bord très ferme et résistant, ce qui le rend idéal pour des sacs. Cette méthode requiert deux aiguilles.

BOUTONNIÈRES

Toutes les boutonnières utilisées sur les sacs sont travaillées sur deux rangs. Sur le premier rang, deux ou trois mailles sont rabattues. Sur le deuxième rang, travaillez jusqu'aux mailles rabattues, tournez l'ouvrage et montez le même nombre de mailles en utilisant le montage torsadé, en travaillant la première maille entre les deux dernières mailles laissées sur l'aiguille gauche. Retournez l'ouvrage et continuez le long du rang.

MONTAGE TORSADÉ

Pour le montage au début d'un projet, faites un nœud coulant à environ 6 po (15 cm) du bout du fil et glissez-le sur une aiguille tenue par votre main gauche.

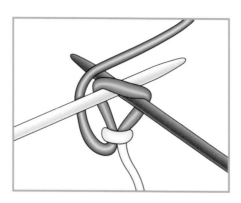

1 Insérez l'aiguille de la main droite dans le nœud coulant comme pour le tricoter et enroulez le fil autour du bout.

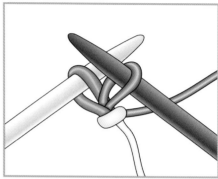

2 Tirez une nouvelle boucle à travers, mais ne glissez pas la maille hors de l'aiguille gauche.

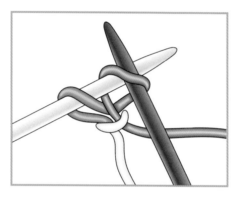

3 Placez la boucle sur l'aiguille gauche en insérant l'aiguille gauche sur le devant de la boucle, de droite à gauche.

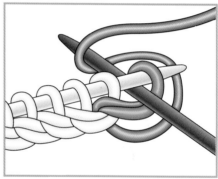

4 Insérez l'aiguille droite entre les deux mailles et enroulez le fil autour du bout. Lorsque la nouvelle boucle est tirée à travers, entre les mailles, placez-la sur l'aiguille gauche, tel qu'indiqué à l'étape **3**. Répétez l'étape **4** jusqu'à ce que vous ayez monté le nombre de mailles requis.

Mailles supplémentaires

Pour monter les mailles supplémentaires nécessaires dans le milieu du tricot, faites l'étape **4** seulement, en travaillant la première maille entre les deux prochaines mailles déjà sur l'aiguille gauche.

Maille endroit

Dans le tricot, il y a seulement deux mailles à apprendre : la maille endroit (end.) et la maille envers (env.). Tous les autres tissus tricotés sont créés en combinant ces deux mailles. La maille endroit est celle que toutes les débutantes apprennent en premier, et elle est très polyvalente lorsqu'elle est utilisée seule. Lorsque vous tricotez chaque rang, le tissu que vous confectionnez est en point mousse. Il s'étend à plat, est un tissu plutôt épais et ne retrousse pas sur les bords. C'est pourquoi je l'ai utilisée pour les poignées et comme bordure sur plusieurs sacs, incluant le sac *Personnalisez-le* (pages 28-31).

FAIRE UNE MAILLE ENDROIT

Chaque maille endroit est faite en quatre étapes faciles. Le fil est tenu à l'arrière de l'ouvrage (le côté dos à vous).

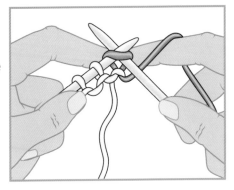

1 Tenez l'aiguille avec les mailles montées dans votre main gauche et insérez l'aiguille droite dans le devant de la maille de gauche à droite.

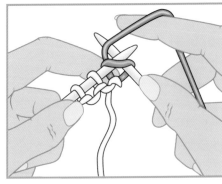

2 Passez le fil sous et autour de l'aiguille droite.

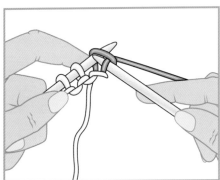

3 Tirez la nouvelle boucle sur l'aiguille droite à travers la maille sur l'aiguille gauche.

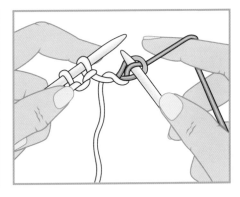

4 Glissez la maille hors de l'aiguille gauche. Une maille endroit est complétée.

Répétez ces quatre étapes pour chaque maille sur l'aiguille gauche. Toutes les mailles de l'aiguille gauche vont être transférées sur l'aiguille droite, là où le nouveau rang est formé. À la fin du rang, transférez de main l'aiguille où sont les mailles et l'aiguille vide pour commencer le rang suivant.

Maille envers

La maille envers est aussi facile à apprendre que la maille endroit. Une fois que vous connaissez les deux mailles, vous pouvez faire à peu près n'importe quoi. Un rang endroit et un rang envers donne un point jersey. Les sacs *Simplement Chic* (pages 20-27) sont idéals pour pratiquer vos mailles endroit et envers ; montez simplement des mailles, travaillez au point jersey et rabattez.

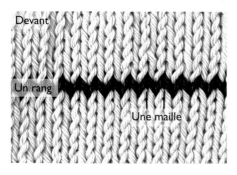

POINT JERSEY

Le point Jersey (m. m.) est formé en tricotant un rang endroit, un rang envers, et ensuite en répétant ces deux rangs.
Dans les instructions de tricot pour les projets, le point jersey est écrit comme suit :
1ᵉʳ rang : Tric. end.
2ᵉ rang : Tric. env.
Ou, les instructions peuvent être :
Travaillez en jers. end. (1 rg end. ; 1 rg env.), en comm. avec un rg end.

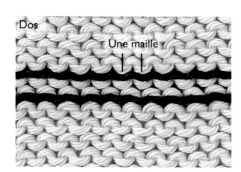

JERSEY ENVERS

Le point jersey envers signifie que le dos du tissu de point jersey est utilisé comme le côté endroit. Il est généralement utilisé comme fond pour des torsades, mais peut aussi être utilisé comme le côté endroit de tissus tricotés avec des fils de fantaisie, comme la simili-fourrure ou des fils à la mode, parce que la plus grande partie de l'effet texturé du fil reste sur le côté inverse du tissu.

FAIRE UNE MAILLE ENVERS

Chaque maille envers est faite en quatre étapes faciles. Le fil est tenu devant l'ouvrage (le côté face à vous).

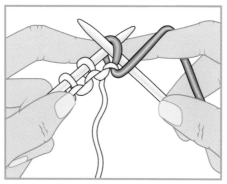

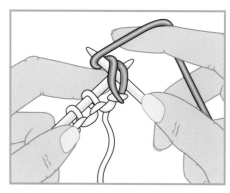

1 Tenez l'aiguille sur laquelle se trouvent les mailles dans votre main gauche et insérez l'aiguille droite dans le devant de la maille, de droite à gauche.

2 Passez le fil par-dessus et autour de l'aiguille droite.

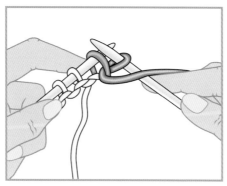

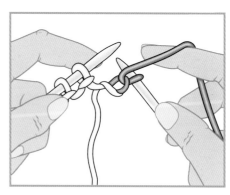

3 Tirez la nouvelle boucle sur l'aiguille droite à travers la maille sur l'aiguille gauche.

4 Glissez la maille hors de l'aiguille gauche. Une maille envers est complétée.

Répétez ces quatre étapes pour chaque maille sur l'aiguille gauche. Toutes les mailles de l'aiguille gauche seront transférées sur l'aiguille droite, où le nouveau rang de mailles est formé. À la fin du rang, transférez de main l'aiguille où sont les mailles et l'aiguille vide pour commencer le rang suivant.

Rabattre

À moins d'instructions contraires, vous devrez rabattre, selon le modèle – par exemple, à l'endroit sur le côté d'une pièce tricotée au point jersey. Les différentes méthodes sont expliquées à droite et ci-dessous. Les bords rabattus ne devraient pas être trop serrés, sinon ils reserreront le tissu tricoté. Ceci est important lorsque vous rabattez un bord qui paraîtra, tel que le dessus du sac ou le bord d'une poche. Si vous avez tendance à rabattre trop serré, essayez d'utiliser une aiguille plus grosse que celle utilisée pour le tissu tricoté.

TRICOTER À LA PERFECTION

Quand vous voulez interrompre votre tricot, mais que vous n'êtes pas encore prête à rabattre les mailles, il est préférable de toujours finir le rang au complet. Finir au milieu d'un rang étirera les mailles et elles peuvent glisser hors de l'aiguille. Si vous devez mettre votre tricot de côté pendant plusieurs semaines (ou même des mois) et n'avez pas le temps de finir la pièce, indiquez sur le patron ou prenez note du rang où vous êtes rendue. Si vous travaillez selon un modèle régulier comme le point jersey, lorsque vous reprenez votre ouvrage, il est utile de défaire deux ou trois rangs et de les retricoter, puisque les mailles laissées longtemps sur les aiguilles peuvent devenir étirées et laisser une vilaine marque là où vous vous étiez arrêtée.

RABATTRE À L'ENDROIT

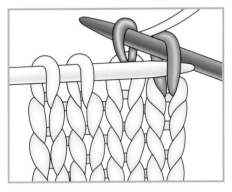

1 Tricotez deux mailles à l'endroit et insérez le bout de l'aiguille gauche dans le devant de la première maille de l'aiguille droite.

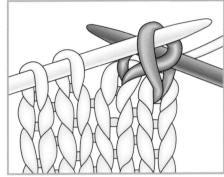

2 Levez cette maille au-dessus de la seconde maille, puis hors de l'aiguille.

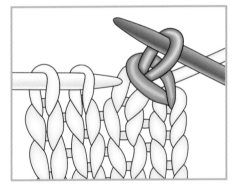

3 Il reste une maille sur l'aiguille droite.

4 Tricotez la prochaine maille endroit et levez la deuxième maille par-dessus, puis hors de l'aiguille. Continuez de cette façon jusqu'à ce qu'il reste une seule maille sur l'aiguille droite.

Coupez le fil (laissez une assez bonne longueur pour coudre), enfilez l'extrémité à travers la dernière maille et glissez-la hors de l'aiguille. Tirez le fil pour serrer la maille.

RABATTRE À L'ENVERS

Pour rabattre sur un rang envers, tricotez simplement les mailles à l'envers plutôt qu'à l'endroit.

RABATTRE SELON LE MOTIF

Pour rabattre selon le motif tel que les côtes, vous devez tricoter endroit les mailles endroit et tricoter envers les mailles envers de la côte. Si vous travaillez un motif de mailles torsadées, vous rabattez selon le motif, et encore, tricotez à l'endroit les mailles endroit et tricotez à l'envers les mailles envers.

Augmenter des mailles

Plusieurs sacs dans ce livre ont une forme qui leur est propre, et cette dernière peut être changée en augmentant ou en diminuant des mailles. Le sac *Boutons et Boucles* (pages 82-85) a des mailles d'augmentation de chaque côté pour produire une belle courbe ; ces mailles sont alors diminuées dans le haut. Le sac à dos *Retour* (pages 38-39) a des mailles de diminution de chaque côté pour lui donner une forme évasée. Il existe quelques façons différentes d'augmenter des mailles. Dans certaines instructions, j'ai spécifié quelle augmentation utiliser, alors que dans d'autres, je n'ai rien spécifié. Essayez de garder votre bord d'augmentation aussi régulier que possible, car certains de ces bords seront visibles une fois le sac fini.
Le résultat a toujours l'air plus soigné si l'augmentation est travaillée à une maille du bord.

CRÉER UNE MAILLE (AUG.1)

Cette augmentation est utilisée pour former les pétales sur le sac *Au temps des marguerites* (pages 90-92). Elle pourrait aussi être utilisée pour augmenter les bords de côté ; faites-la à une maille du bord. Utilisez autant la version torsadée droite que la gauche pour une belle finition. La nouvelle maille est faite entre deux mailles existantes en utilisant le fil horizontal qui se trouve entre elles.

Augmentation torsadée gauche

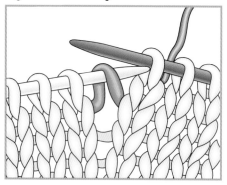

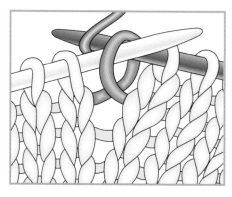

1 Tricotez jusqu'au point où l'augmentation doit être faite. Insérez le bout de l'aiguille gauche sous le brin horizontal à tricoter, de l'avant vers l'arrière.

2 Tricotez cette boucle à travers le dos pour la torsader. En la torsadant, vous évitez qu'un trou apparaisse là où la maille est faite.

Augmentation torsadée droite

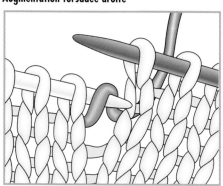

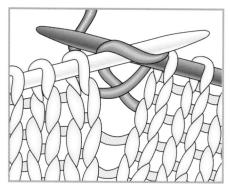

1 Tricotez jusqu'au point où l'augmentation doit être faite. Insérez le bout de l'aiguille gauche sous le brin horizontal, de l'arrière vers l'avant.

2 Tricotez cette boucle à travers l'avant pour la torsader.

Augmenter des mailles

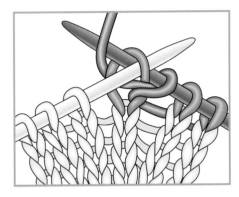

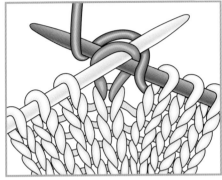

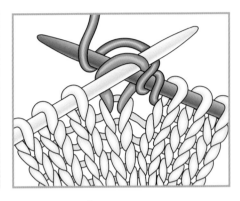

TRICOTER ENDROIT SUR L'AVANT ET L'ARRIÈRE D'UNE MAILLE (END, 1 DEV. & ARR.)

Tricotez dans l'avant de la maille comme d'habitude. Ne glissez pas la maille hors de l'aiguille gauche, mais tricotez à travers cette maille à l'arrière du dos de la boucle. Puis glissez la maille originale hors de l'aiguille gauche.

TRICOTER ENVERS SUR L'AVANT ET L'ARRIÈRE D'UNE MAILLE (ENV, 1 DEV. & ARR.)

Travaillez comme pour le « End, 1 dev. & arr. », mais tricotez envers sur l'avant et l'arrière à la place.

FAIRE UN JETÉ ENTRE DEUX MAILLES (J)

Ceci produit un trou, lequel est utilisé pour de petites boutonnières ou comme une augmentation décorative telle que sur des feuilles. Avancez le fil entre les deux aiguilles. Tricotez la maille suivante, en prenant le fil par-dessus l'aiguille droite.

MULTIPLES JETÉS

Ceux-ci sont utilisés pour former de plus grands trous, comme pour le sac *Petite douceur d'été* (pages 46-48).

DOUBLE JETÉ

Enroulez le fil autour de l'aiguille deux fois. Sur le rang retourné, tricotez endroit, puis envers dans le double jeté.

TRIPLE JETÉ

Enroulez le fil autour de l'aiguille trois fois. Sur le rang retourné, travaillez selon les instructions du patron.

Les motifs complexes du tricot de dentelle sont créés en utilisant les jetés simple et multiple, comme pour le sac Petite douceur d'été.

Diminuer des mailles

Les diminutions sont utilisées sur plusieurs des sacs, soit pour donner une forme au sac ou à une partie de celui-ci. Elles sont aussi utilisées dans des modèles de point et pour former des boutonnières.

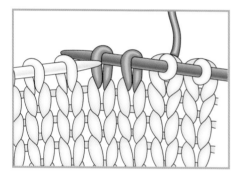

GGT ou Tric. 2 m. ens. dans le brin arrière

1 Glissez deux mailles à l'endroit, une à la fois, de l'aiguille gauche à l'aiguille droite (mailles torsadées).

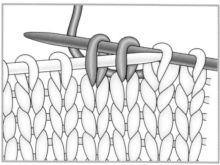

2 Insérez l'aiguille gauche de gauche à droite à travers les devants de ces deux mailles et tricotez-les ensemble comme une seule maille.

Gliss., gliss., env.

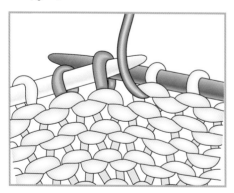

1 Glissez deux mailles à l'endroit, une à la fois, de l'aiguille gauche à l'aiguille droite (mailles torsadées, repassez ces deux mailles sur l'aiguille gauche dans cette position torsadée.

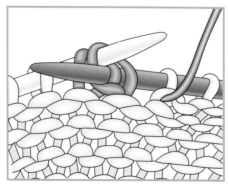

2 Tricotez ces deux mailles envers ensemble à travers les boucles arrières.

DIMINUER UNE MAILLE

Il existe un certain nombre de façons de diminuer une maille.

Tric. 2 m. ens. end.

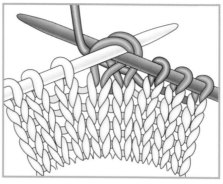

Tricotez endroit jusqu'où sera la diminution ; insérez l'aiguille droite (comme pour tricoter) à travers les deux prochaines mailles et tricotez-les ensemble comme une seule maille.

Tric. 2 m. ens. env.

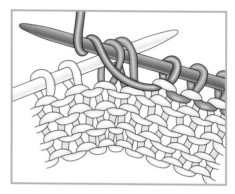

Tricotez envers jusqu'où sera la diminution ; insérez l'aiguille droite (comme pour tricoter) à travers les deux prochaines mailles et tricotez-les ensemble à l'envers comme une seule maille.

DIMINUER DEUX MAILLES À LA FOIS

Il existe plusieurs façons de diminuer deux mailles à la fois.

Tric. 3 m. ens. end.

Travaillez comme pour « tric. 2 m. ens. end. », mais tricotez trois mailles ensemble au lieu de deux.

Tric. 3 m. ens. env.

Travaillez comme pour « tric. 2 m. env. end. », mais tricotez trois mailles ensemble au lieu de deux.

Tric. 3 m. ens. end dans le brin arr.

Tric. comme pour GGT (ou « tric. 2 m. ens. end. » dans le brin arrière), mais glissez trois mailles au lieu de deux, et tricotez-les ensemble.

Tric. 3 m. ens. env. dans le brin arr.

Travaillez comme pour « G.G.ENV. » (ou « tric. 2 m. ens. env. dans le brin arrière »), mais tricotez trois mailles au lieu de deux, et tricotez-les ensemble à l'envers à travers l'arrière des boucles.

DIM. 2M.

surj. dble end.

1 maille glissée, 2 mailles tricotées end. ensemble, passez la maille glissée par-dessus la maille tricotée. Glissez la prochaine maille sur l'aiguille droite, tricotez les deux prochaines mailles ensemble, puis passez la maille glissée par-dessus les 2 mailles tricotées ensemble et hors de l'aiguille.

Intarsia

L'intarsia est la technique de tricotage de couleur qui convient aux grandes sections de couleur ou aux motifs simples. À la différence de la technique *Fair Isle* où le fil est tiré à travers le dos du travail d'une section à une autre, intarsia utilise une pelote ou bobine de couleur séparée pour chaque section. Le sac *Vachement original !* (pages 60-63) a de grandes sections de noir et de blanc, et chacune est tricotée à partir d'une pelote séparée. Le sac *Fleurs fantastiques* (pages 78-81) y va de même ; chaque fleur et chaque section de couleur de fond a une pelote séparée. Quand vous passez d'une couleur à une autre, vous devez torsader les fils ensemble pour éviter qu'apparaisse un trou.

PELOTES

Vous ne devriez jamais tricoter directement de la pelote, à moins que le motif ne soit très simple avec seulement deux ou trois changements de couleur sur chaque rang. À chaque changement de couleur, les fils se tordent et deviennent emmêlés, et le tricot devient une corvée. Si vous utilisez des bobines, vous pouvez les laisser accrochées à l'arrière de l'ouvrage, à l'écart des autres fils.

Vous pouvez acheter des bobines en plastique pour l'intarsia, mais il est facile de faire les vôtres. En laissant un long bout, enroulez le fil en forme de huit autour de votre pouce et de votre petit doigt. Enroulez-en suffisamment pour compléter la section à être tricotée. Coupez le fil et utilisez ce bout coupé pour faire un nœud autour du milieu de la bobine. Utilisez le long bout pour tirer le fil du centre de la bobine.

Entrelacer les bouts sur un rang endroit

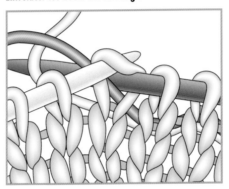 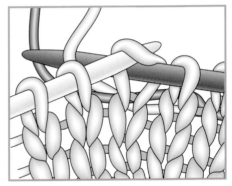

1 Insérez le bout de l'aiguille droite dans la prochaine maille ; portez le bout coupé par-dessus l'aiguille, enroulez le fil autour de l'aiguille comme pour tricoter endroit.

2 Tirez le bout coupé hors de l'aiguille et finissez de tricoter la maille. Le bout coupé est pris dans la maille tricotée.

Travaillez la prochaine maille comme d'habitude, puis attrapez le bout coupé comme précédemment. Si vous travaillez ainsi, en alternant, le bout coupé reposera au-dessus et sous le rang de mailles.

Entrelacer les bouts sur un rang envers

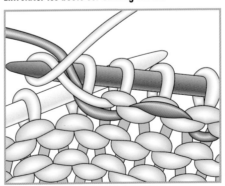 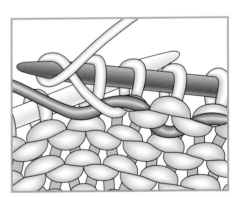

1 Insérez le bout de l'aiguille droite dans la prochaine maille ; portez le bout coupé au-dessus de l'aiguille, enroulez le fil autour de l'aiguille comme pour tricoter envers.

2 Tirez le bout coupé hors de l'aiguille et finissez de tricoter la maille envers. Le bout coupé est pris dans la maille envers.

Travaillez la prochaine maille, comme d'habitude, puis attrapez le bout coupé, comme précédemment. Si vous travaillez ainsi, en alternant, le bout coupé reposera au-dessus et sous le rang de mailles.

ARRANGER LES EXTRÉMITÉS

Il y aura beaucoup de bouts là où les couleurs ont commencé ou ont fini. Vous devriez les tisser au fur et à mesure que vous les tricotez ou les coudre à tous les dix rangs environ. Ceci les enlève du dos où ils peuvent s'entremêler avec les fils de l'ouvrage. Cela signifie aussi que vous n'aurez pas à les ranger quand vous aurez fini de tricoter et voudrez continuer à faire votre sac.

JOINDRE DE NOUVELLES COULEURS

Tricotez endroit jusqu'où la nouvelle couleur commence ; laissez tomber la couleur précédente et prenez une bobine de nouvelle couleur. Tricotez endroit la première maille de cette couleur, puis prenez le bout coupé et tournez-le une fois autour de la couleur précédente. Entrelacez-le avec le nouveau fil.

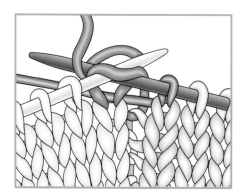

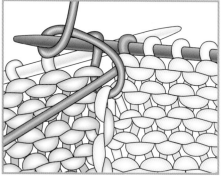

TORSADER DES FILS ENSEMBLE

Une fois que vous avez joint toutes les couleurs dont vous avez besoin à travers le rang, sur le rang de retour, les fils doivent être torsadés pour joindre les sections de couleurs ensemble. Quand vous changez de couleur, reprenez toujours la nouvelle couleur qui est sous la couleur précédente.

TRAVAILLER À PARTIR DE GRAPHIQUES

Les modèles intarsia sont travaillés à partir de graphiques. Un carré représente une maille et une ligne de mailles représente un rang. Les rangs sont numérotés : les rangs endroit (rg end.) sont des nombres impairs et sont lus de droite à gauche ; les rangs envers (rg env.) sont des nombres pairs et sont lus de gauche à droite. Commencez à tricoter à partir du coin droit inférieur du graphique au rang 1.

*Les sections de couleurs contrastantes
qui forment le motif original de peau
de vache de ce sac sont créées en
utilisant la technique intarsia.*

Torsades

Les torsades sont simplement une façon d'enrouler deux ensembles de mailles pour former une corde ou de faire circuler les mailles à travers le tissus. Utilisez une aiguille à torsades pour tenir les mailles, ou une aiguille double-pointe si vous trouvez qu'une aiguille à torsades est trop courte et, par conséquent, difficile à tenir.

T6A (TORSADE SIX AVANT)

Travaillez comme pour le T4A, mais glissez trois mailles sur l'aiguille à torsades au lieu de deux, et tenez-les en avant de l'ouvrage, puis tricotez trois mailles endroit.

T6D (TORSADE SIX DERRIÈRE)

Travaillez comme pour le T4D, mais glissez trois mailles sur une aiguille à torsades au lieu de deux, et tenez-les derrière l'ouvrage, puis tricotez trois mailles endroit.

T7A (TORSADE SEPT AVANT)

1 Glissez les prochaines quatre mailles de l'aiguille gauche sur une aiguille à torsades et tenez-les devant l'ouvrage.
2 Tricotez endroit les trois prochaines mailles sur l'aiguille gauche.
3 Glissez la maille envers (la dernière maille) hors de l'aiguille à torsades vers l'aiguille gauche et tricotez-la envers.
4 Tricotez endroit les trois dernières mailles de l'aiguille à torsades.

CR4D (CROISER QUATRE DROITE)

1 Glissez la prochaine maille de l'aiguille gauche sur une aiguille à torsade et tenez-la derrière l'ouvrage.
2 Tricotez les trois prochaines mailles sur l'aiguille gauche, puis tricotez envers la maille de l'aiguille à torsades.

CR4G (CROISER QUATRE GAUCHE)

1 Glissez les trois prochaines mailles de l'aiguille gauche sur une aiguille à torsades et tenez-la devant l'ouvrage.
2 Tricotez envers la prochaine maille de l'aiguille gauche, puis tricotez endroit les trois mailles de l'aiguille à torsades.

CR5D (CROISER CINQ DROITE)

Travaillez comme pour Cr4D, mais glissez deux mailles sur une aiguille à torsades derrière l'ouvrage, puis tricotez les trois prochaines mailles de l'aiguille gauche avant de tricoter envers les deux mailles de l'aiguille à torsades.

CR5G (CROISER CINQ GAUCHE)

Travaillez comme pour Cr4G, mais glissez trois mailles sur une aiguille à torsades devant l'ouvrage, puis tricotez envers les deux prochaines mailles de l'aiguille gauche, avant de tricoter les trois mailles de l'aiguille à torsades.

T4D (TORSADE QUATRE AVANT)

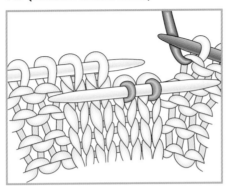

1 Glissez les deux prochaines mailles de l'aiguille gauche sur une aiguille à torsades et tenez-la à l'avant de l'ouvrage.

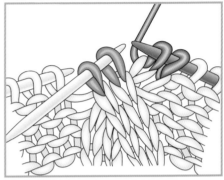

2 Tricotez endroit les deux prochaines mailles sur l'aiguille gauche, puis tricotez endroit les deux mailles de l'aiguille à torsades.

T4D (TORSADE QUATRE DERRIÈRE)

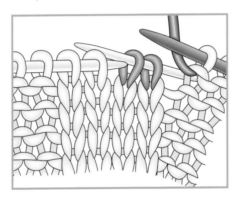

1 Glissez les deux prochaines mailles de l'aiguille gauche sur une aiguille à torsades et tenez-la à l'arrière de l'ouvrage.

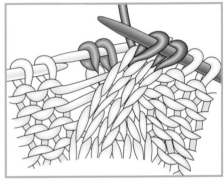

2 Tricotez endroit les deux prochaines mailles de l'aiguille gauche, puis tricotez endroit les deux mailles de l'aiguille à torsades.

TRICOTEZ ENDROIT À LA PERFECTION

Utilisez un compteur de rangs ou indiquez sur papier chaque rang travaillé pour conserver un suivi des rangs entre les torsades. Pour compter les rangs entre les torsades, cherchez le rang où vous avez travaillé la torsion. Vous serez à même d'identifier cela en suivant le chemin que parcourt le fil à partir de la dernière maille de la torsade, jusqu'à la première maille du fond pour une torsade vers l'avant, ou à partir de la dernière maille du fond jusqu'à la première maille de la torsade pour une torsade vers l'arrière. Au rang précédant ceci, il n'y aura pas de fil reliant les mailles. Comptez chaque fil pour tous les rangs au-dessus de celui contenant la torsion.

Foulage

Le foulage donnera plus de structure à votre sac et renforcera les poignées et les bandoulières. Les sacs sont assez petits pour les fouler à la main (il est aussi possible de fouler les articles à la machine à laver). Le faire à la main signifie que vous aurez plus de contrôle sur le processus et serez capable de vous concentrer sur des sections que vous voulez fouler davantage, comme les bandoulières ou les poignées. J'ai foulé le sac *Danse carrée* (pages 68-71) et le sac *Feuilles d'automne* (pages 42-45).

TRICOTEZ À LA PERFECTION
Testez toujours des échantillons de tricot multicolore pour vous assurer que tous les fils soient grand teint.

Le foulage fonctionne seulement sur de la laine 100 % pure. Travaillez un échantillon avant que vous ne tricotiez votre projet afin de vous assurer que votre fil foulera.

Brossez la surface du tricot avec une brosse raide lorsqu'il sera sec ; travaillez en tirant ou soulevant doucement, plutôt que de faire de vigoureux mouvements de va-et-vient.

LE PROCÉDÉ DE FOULAGE
Le foulage est le procédé qui consiste à laver le tissu de laine pour produire un tissu imitant le feutre. Il est souvent, de façon erronée, appelé feutrage ; le feutrage est fait sur de la laine cardée non filée, tandis que le foulage est fait sur un tissu fini. Le foulage peut seulement être fait sur les fils qui sont 100 % laine ; ça ne fonctionne pas sur les tissus synthétiques, le coton ou les laines qui ont été traitées pour être lavables à la machine. Pendant le foulage, la laine augmente de volume, les fibres se fusionnent ensemble et les mailles individuelles se ferment pour former un tissu doux avec une apparence brossée. Le tissu fini rétréciera de près de 10 % en longueur et en largeur, bien que cela varie selon le fil et la longueur de foulage. Cela signifie que vous devriez toujours tricoter plus grand un article que vous prévoyez fouler. Faites un essai sur un échantillon avant de fouler votre article tricoté ; mesurez l'échantillon pour que vous puissiez voir de combien il rétrécit. Les deux sacs que j'ai foulés sont travaillés à différents degrés. Le sac Danse carrée est foulé pour que les couleurs se mêlent ensemble et que le tissu devienne épais et duveteux. J'ai cependant voulu conserver l'apparence tridimensionnelle des mailles sur le sac Feuilles d'automne. Je l'ai donc foulé seulement jusqu'à ce que les mailles aient commencé à fermer (bien que j'aie davantage foulé la poignée). Continuez à regarder votre sac pendant le processus de foulage pour vous assurer de réaliser l'effet désiré ou que le sac ait le format souhaité.

FOULAGE À LA MAIN
Le foulage dépend des extrêmes de température (allant de chaud au froid), de l'agitation par malaxage et de l'utilisation de savon ; j'utilise un savon d'huile d'olive. N'utilisez pas de détergent ou de lessive en poudre. Immergez l'échantillon dans l'eau chaude (non bouillante) en utilisant des gants pour protéger vos mains. Frottez l'échantillon avec le savon et commencez à malaxer le tissu sans tirer, étirer ou frotter le tricot. Enlever fréquemment l'échantillon de l'eau pour vérifier que tout est beau. Enlevez le savon à l'eau froide et étirez l'échantillon doucement. Si les mailles se séparent encore facilement, continuez le foulage. Entretenez la température de l'eau chaude. Arrêtez lorsque le tissu est dense et a une apparence duveteuse. Rincez le savon et pressez (ne tordez pas) pour enlever l'excédent d'eau. Enroulez l'échantillon dans une serviette pour absorber l'humidité qui reste, et ensuite, étalez-le à plat, loin de la chaleur directe, pour sécher. Mesurez-le et comparez avec les mesures précédentes ; cela vous donnera une indication de combien votre article tricoté diminuera.

FOULER LES SACS
Le foulage devrait être fait après que les poignées, les poches et les pièces tricotées aient été assemblées, et avant d'ajouter des choses telles que les fermetures à glissière, les boutons, les embellissements et les doublures. Quand le sac a été foulé avec succès et a atteint la taille désirée, rincez, extrayez l'excédent d'eau et enroulez-le dans une serviette pour absorber le reste d'humidité. Étirez le sac pour le former en redressant les

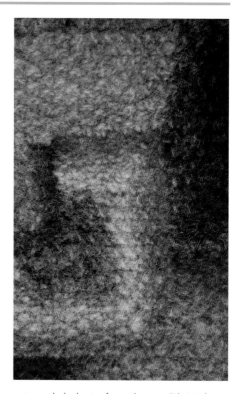

coutures et les bords, et en formant les coins . S'il s'agit d'un sac peu structuré ou mou, j'y pousse un sac en plastique et le remplis de papier journal. Cela tient le sac gonflé et empêche la formation de faux plis. Placez-le loin de la chaleur directe pour sécher. Si le sac a une base plate ou un gousset entre le dos et le devant, vous devrez mettre quelque chose à l'intérieur pour qu'il sèche selon la forme correcte. J'utilise parfois des livres, soit un ou une pile ; assurez-vous qu'ils soient bien enveloppés dans un sac en plastique et glissez-les dans le sac. Faites tenir le sac sur sa base pour sécher ; si vous devez l'étaler, continuez à le tourner fréquemment pour ne pas que le tissu tricoté soit écrasé. Vous pourriez aussi utiliser une boîte cartonnée pour lui donner sa forme. Assurez-vous que ce que vous utiliserez ne va pas déteindre en devenant humide ; si vous avez des doutes, doublez le sac avec un sac en plastique.

Finition

Quand vous avez fini de tricoter toutes les pièces de votre projet, vous devriez les presser avant de faire la finition. Les pièces tricotées sembleront plus plates et vous pourrez tirer sur n'importe quel bord de côté pour qu'il soit droit. Avant de presser, rentrez tous les bouts de fil, mais ne les coupez pas. Pendant le pressage, le tricot s'étirera et les bouts de fil peuvent rentrer. Attendez jusqu'à ce que les pièces aient bien été pressées.

PRESSAGE À LA VAPEUR

C'est la méthode que j'utilise le plus pour les fils naturels, comme la pure laine ou des fils ayant un contenu élevé de laine. Quelques fils avec un contenu élevé de fibre synthétique, comme le polyester et le nylon, ne supporteront pas la température élevée nécessaire pour dégager de la vapeur ; ils ne devraient donc jamais être pressés à la vapeur. Consultez toujours l'étiquette sur la pelote de fil avant de traiter à la vapeur ou faites d'abord un test sur votre jauge de départ.

Utilisant des épingles inoxydables, épinglez le morceau tricoté, l'envers face en haut, sur une planche à repasser. Si la pièce est trop grande, comme certaines pièces des plus grands sacs ou une longue bandoulière, faites-vous une planche à repasser à partir d'une couverture pliée recouverte d'un drap. Étalez un linge propre en coton sur votre pièce pour la protéger. Réglez le fer à repasser à la chaleur appropriée pour le fil. Tenez le fer près de la surface du tricot sans y toucher. N'appuyez pas le fer sur le tissu tricoté. Laissez la vapeur pénétrer dans le tissu. Enlevez le linge et permettez au tissu de sécher avant d'enlever les épingles.

PRESSAGE HUMIDE

Ce type de pressage est une alternative au pressage à la vapeur et il est meilleur pour les tissus synthétiques ou les fils de fantaisie. Épinglez les pièces sur une planche à repasser comme ci-dessus. Mouillez un linge propre de coton et tordez l'excédent d'eau jusqu'à ce qu'il soit humide. Placez-le sur la pièce épinglée et laissez-le sécher loin de la chaleur directe.

Lorsque le linge est complètement sec, enlevez-le. Assurez-vous que les pièces tricotées sont également sèches avant que vous n'enleviez les épingles et que vous les retiriez de la planche à repasser.

COUTURE

Lorsque cela est possible, cousez les pièces ensemble en utilisant le fil avec lequel elles ont été tricotées. S'il s'agit d'un fil qui casse facilement ou qui est texturé, comme un fil fourrure ou bouclé, utilisez un fil ordinaire de couleur assortie. Ne cousez pas avec les longs bouts restants après avoir tricoté les pièces. Si vous les utilisez et que vous devez découdre l'article pour quelle que raison que ce soit, les extrémités peuvent commencer à démailler le tricot. Utilisez une aiguille à tapisserie et une longueur de fil de 18 po (45 cm) pour que le fil ne s'effiloche pas en passant à travers le tissu trop fréquemment.

Point de matelas

Pour obtenir une couture invisible, utilisez le point de matelas. Il est travaillé à partir du côté droit, ce qui le rend plus facile à assortir aux détails des rayures et des formes, comme sur les côtés des sacs. Attachez bien le fil en le tissant sur le bord d'une des pièces, l'apportant au-devant du premier rang entre le coin et la deuxième maille. Placez les deux pièces à coudre côte à côte sur une surface plate.

Joindre deux pièces faites au point jersey

Après avoir attaché le fil, prenez l'aiguille à travers le côté opposé et insérez-la dans le premier rang entre la première et la deuxième maille du devant vers l'arrière ; prenez-le sous le brin horizontal du rang au-dessus et tirez le fil à travers. Apportez l'aiguille au premier bord, insérez l'aiguille dans le premier rang entre des mailles, de nouveau de l'avant vers l'arrière et prenez-le sous les brins horizontaux des deux rangs au-dessus. Tirez le fil. Insérez l'aiguille de nouveau dans le bord opposé, dans le même trou d'où le fil est sorti et apportez-le sous les brins horizontaux des deux rangs au-dessus. Continuez à zigzaguer entre les bords, travaillant sous deux rangs à chaque fois. Tirez le fil vers le haut à tous les deux ou trois mailles pour rapprocher la couture, mais pas trop fermement — la couture ne devrait pas faire froncer le tissu.

Joindre deux pièces faites au point jersey envers

Après avoir bien attaché le fil, portez l'aiguille au côté opposé et insérez-la du devant vers l'arrière sous le brin horizontal du rang au-dessus et tirez le fil. Portez l'aiguille à l'autre bord et insérez-la du devant vers l'arrière sous la boucle supérieure de la deuxième maille. Reportez l'aiguille à l'autre bord et travaillez sous le brin du rang au-dessus. Continuez de cette façon, insérant l'aiguille sous la boucle supérieure de la deuxième maille sur un bord et sous le brin horizontal entre la première et la deuxième maille sur l'autre bord. Un côté de la couture reprend 1,5 maille, et l'autre côté reprend une maille, mais ceci tisse le jersey envers ensemble et rend la couture invisible.

RELEVER DES MAILLES

Une pièce de tricot peut être jointe à une autre en relevant des mailles et en utilisant celles-ci au lieu de les monter. Ceci élimine une couture et fait un raccord plus lisse. Les mailles pour le rabat sur le *sac à dos Retour* (pages 36-39) ont été relevées à partir du dos.

Tenez le travail de votre main gauche avec l'endroit face à vous. Avec une aiguille et le fil dans la main droite, insérez l'aiguille sous le dessus de la boucle de la première maille. Enroulez le fil à l'endroit autour de l'aiguille et tirez à travers une boucle. Continuez de cette façon, insérant l'aiguille sous la boucle supérieure de chaque maille jusqu'à ce que vous obteniez le nombre de mailles dont vous avez besoin.

COUTURES DU CÔTÉ DROIT

J'ai utilisé cette méthode pour coudre les poches des *sacs pour ceintures* (pages 50-55) et aussi pour fixer le rabat sur le sac *Boutons et Boucles* (pages 82-85).

Étalez les deux pièces à être cousues ensemble tel que décrit dans les instructions du projet. Cousez à travers les deux épaisseurs à une maille à l'intérieur du bord, utilisant un petit point avant. Vous pouvez utiliser le tissu tricoté à titre de guide pour garder vos points réguliers ; cousez au-dessus d'une maille et sous la suivante, ou au-dessus d'un rang et sous le suivant. Ne tirez pas trop fermement les points, sinon le tissu froncera.

Doublures

Ajouter une doublure à votre sac le rendra plus fort, plus résistant à l'usure et empêchera le sac de s'étirer quand il est plein. Il couvrira aussi l'envers du tissu tricoté, ce qui est particulièrement utile pour des sacs tricotés selon la méthode intarsia ou *Fair Isle*. Pour des sacs structurés, vous pouvez utiliser la doublure pour ajouter de la rigidité, tandis que les sacs mous doublés conserveront leur forme lorsqu'ils sont pleins. Les sacs avec une base plate ont besoin d'être ainsi solidifiés pour garder les goussets ouverts et conserver la profondeur du sac.

Le sac Personnalisez-le (voir pages 28-31) est non formé et utilise donc une doublure simple résistante à l'usure qui protégera votre sac.

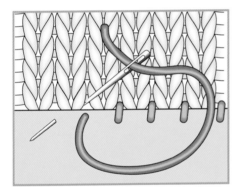

MAILLE COULÉE

Ce point est utilisé pour coudre la doublure dans un sac tricoté. Pliez une réserve pour couture sur l'envers autour du haut de la doublure et pressez. Glissez la doublure dans le sac tricoté en vous guidant sur n'importe quelle couture. Enfilez une aiguille pointue avec du fil à coudre résistant dans une couleur assortie à la doublure. Attachez bien la fin du coton de la doublure à une couture. Prenez l'aiguille sous une maille tricotée et ramenez-la à travers la doublure de l'envers à l'endroit près du bord plié. Prenez l'aiguille sous la maille tricotée suivante et ramenez-la à travers la doublure. Tirez les petites mailles tendues, mais pas trop fermement pour ne pas que la doublure fronce. Répétez ces étapes tout autour de la doublure, gardant les mailles petites et à distance égale.

TISSUS

Le meilleur tissu à doublure est le coton ; il est facile à couper et à coudre, il se lave bien s'il devient souillé et il est résistant à l'usure, sans fils soyeux pouvant s'accrocher au contenu de votre sac. J'utilise souvent des cotons à patchwork. Ceux-ci sont disponibles dans une telle gamme de couleurs que je peux facilement trouver celui pour compléter n'importe quel sac ; les sacs *Franges et volants* (pages 64-66), par exemple, ont une doublure en coton vert brillant. Les autres tissus à utiliser pour des sacs de tous les jours sont le denim, le canevas et le calicot. J'ai utilisé un denim épais pour doubler le sac *Messager rapide* (pages 86-89) ; il le rend très robuste et la rigidité du denim ajoute de la structure au sac et au rabat. J'ai utilisé le calicot pour le sac *Vachement original !* (pages 60-63) parce qu'il est plus léger, mais toujours aussi durable. Il donne aussi une agréable sensation naturelle avec des morceaux de fibre brute dans le tissu.

Toutefois, certains sacs ont besoin d'une doublure plus luxueuse. J'ai utilisé une soie grise pour le sac *Improvisé* (pages 32-35) parce qu'il maintient le thème du sur mesure. Le sac *Joli en violet* (page 49) a une riche doublure de satin violet. La doublure du projet ci-haut est visible à travers la dentelle, elle doit donc être particulière. Si votre sac est conçu pour une occasion spéciale seulement, tel un mariage, vous pourriez utiliser de la soie ou du satin ; le sac *Demoiselle d'honneur* (page 24) pourrait être doublé avec le même tissu que la robe de la demoiselle d'honneur ou de la mariée. Des sacs de soirée peuvent avoir des doublures plus douces. Le fil de soie a besoin d'un tissu en soie, tandis que le métallique et la rayonne seraient extraordinaires doublés de satin.

COULEURS

Plusieurs sacs achetés ont une doublure noire ; c'est pratique et peu coûteux pour les fabricants. Heureusement, nous ne sommes pas confinées à de telles considérations. Vous devriez penser à la doublure comme faisant partie de la création du sac. Essayez d'assortir la couleur de votre fil — c'est dans un cas comme celui-ci que les tissus de patchwork sont pratiques. Vous pourriez également choisir une couleur contrastante pour un style plus gai. Un tissu à motifs pourrait aussi être utilisé : à rayures multicolores ou à pois. Des petits modèles floraux sembleraient frais et légers à l'intérieur d'un sac d'été. Un tissu de laine feutré ou bouilli (regardez de nouveau vers les tissus de patchwork) ferait un sac de tweed confortable et chaud pour l'hiver.

UNE DOUBLURE SIMPLE POUR UN SAC NON MODELÉ

Les doublures simples sont requises pour les sacs qui ne comptent que deux pièces ; un devant et un dos cousus ensemble, sans fond ni gousset. Les doublures pour les sacs *Simplement chic* (pages 20-27) sont faites ainsi, comme l'est la doublure pour le sac *Rapiécé* (pages 28-31).

VOUS AUREZ BESOIN DE :
crayon
équerre à dessin
règle
papier (le papier à doublure est idéal)
épingles
fil à coudre
tissu à doublure

1 Pressez vos pièces tricotées sur mesure en vous assurant que les bords sont droits et que les coins sont alignés. Le dos et le devant devraient être de même taille.

2 Mesurez la longueur et la largeur du devant. Tracez un carré ou un rectangle sur le papier en utilisant ces mesures. Ajoutez une réserve pour couture de ⅞ po (1,5 cm) sur tous les côtés.

3 Coupez votre modèle en papier.

4 Pliez votre tissu à doublure en deux et épinglez-y le modèle en papier.

5 Coupez autour du modèle, en taillant à travers les deux épaisseurs de tissu.

6 Cousez les deux pièces ensemble comme vous l'avez fait pour les pièces tricotées. Certains sacs auront leurs coins tournés vers l'intérieur pour former un fond. Faites de même pour la doublure.

UNE DOUBLURE SIMPLE POUR UN SAC MODELÉ

Ceci est une doublure pour un sac confectionné avec seulement deux pièces, un dos et un devant, mais chacune est modelée plutôt que d'être un simple rectangle ou un carré droit. Vous aurez besoin du même matériel que pour la doublure simple. Travaillez les étapes **1** et **2** comme pour la doublure simple.

3 Étalez le devant sur le papier dans le rectangle correspondant à la base et au bord supérieurs. Tracez soigneusement autour de la forme. Enlevez le devant et utilisez une règle pour redresser les lignes.

4 Ajoutez une réserve pour couture de ⅞ po (1,5 cm) sur tous les côtés.

Continuez comme pour la doublure simple de l'étape **3**.

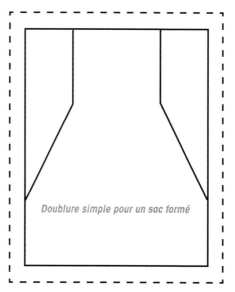

Doublure simple pour un sac formé

UNE DOUBLURE POUR UN SAC AVEC UN FOND PLAT

Ce type de doublure exige un peu plus de mesure et de dessin, mais vaut bien l'effort supplémentaire. La base plate signifie que votre sac tiendra debout correctement et la base comportera aussi des goussets pour donner de la profondeur au sac. Le sac *Vachement original !* (pages 60-63) a une base plate tout comme le sac *Franges et volants* (pages 64-66). Si vous regardez les pièces tricotées, vous verrez qu'elles semblent avoir deux carrés coupés sur chaque couture de côté au bord inférieur. Joindre les deux côtés de ce carré formera le coin du sac, et donc, le gousset et la base.

Vous aurez besoin du même matériel que pour la doublure simple.

1 Pressez vos pièces tricotées sur mesure en vous assurant que les bords sont droits et que les coins sont alignés. Le dos et le devant devraient être de la même taille.

2 Mesurez la longueur et la largeur du devant. Tracez un carré ou un rectangle sur le papier en utilisant ces mesures. Mesurez les deux côtés du carré. Tracez-le sur votre modèle. Ajoutez une réserve pour couture de ⅞ po (1,5 cm) sur tous les côtés. Travaillez les étapes **3**, **4** et **5** comme pour la doublure simple ci-dessus.

6 Cousez les deux pièces ensemble comme pour les pièces tricotées, en formant les coins tel qu'indiqué.

Revêtement pour un sac avec une base plate

les instructions pour faire une doublure simple peuvent être adaptées pour les sacs modelés comme Transformation retro (pages 98-99). La doublure conserve la forme du sac et l'empêche de s'étirer.

Le sac *Improvisé* (pages 32-35) possède un fond plat en plus des bords formés. Répétez l'étape **1**, comme ci-dessus.

2 Mesurez la longueur et la largeur du devant. Tracez un carré ou un rectangle sur le papier, en utilisant ces mesures.

3 Étalez le devant sur le papier dans le rectangle en faisant correspondre le côté long et le bord supérieur. Tracez soigneusement chaque bord formé. Ajoutez une réserve pour couture de ⅞ po (1,5 cm) sur tous les côtés. Répétez les étapes **3** à **6** comme pour la doublure simple.

Pour les sacs structurés, comme le sac Tout en rose (page 67), suivez les instructions pour fabriquer un fond plat donnant au sac de la résistance et de la profondeur qui lui permettent de tenir bien droit.

FABRIQUER UN FOND PLAT

Le fond est un encart amovible de carton épais. J'utilise généralement un carton gris qui est vendu dans les boutiques d'artisanat pour la reliure de livres. Il est extrêmement résistant et ne se plie pas. Vous pourriez aussi utiliser un épais entoilage à coudre — ou du canevas de plastique. Vous pouvez aussi l'utiliser sans doublure.

VOUS AUREZ BESOIN
du même matériel que pour la doublure simple
carton gris/épais
et d'un couteau fin

1 Mesurez la largeur et la profondeur de votre sac après qu'il ait été fait. Si vous avez déjà tracé un modèle pour la doublure, vous pourriez le mesurer en omettant les réserves de couture.

2 Tracez un rectangle sur le carton gris en utilisant ces mesures. Coupez soigneusement à l'aide du couteau fin.

3 Pour recouvrir le carton gris avec le tissu, tracez autour de celui-ci sur le papier. Comme le carton est plutôt épais, vous devriez en mesurer un peu plus grand lorsque vous tracez la réserve de couture. Ajoutez une réserve de couture de ¾ po (2 cm) sur les deux côtés courts et sur un long côté.

4 Coupez votre modèle de carton.

5 Pliez votre tissu de doublure en deux, épinglez le modèle avec le long côté sans réserve pour couture au pli dans le tissu.

6 Coupez autour du modèle, en taillant à travers les deux épaisseurs de tissu.

7 Cousez la longue couture ainsi qu'une courte, en utilisant une réserve pour couture ⅞ po (1,5 cm).

8 Insérez le carton gris. Pliez le surplus de tissu du bord ouvert vers l'intérieur et cousez les bords fermés à l'aide de points coulés.

9 Insérez dans le sac et fixez avec quelques points dans chaque coin.

RAIDIR LA DOUBLURE

Vous aurez besoin d'une doublure plus raide pour confectionner le sac *Renversé* (pages 56-59). Celui-ci comporte plus qu'un devant et un dos ; il a des panneaux pour fermeture à glissière en plus d'une base séparée et des panneaux de côté. Sa rigidité est principalement due à sa doublure. Sans elle, la forme s'affaisserait. Pour raidir la doublure, utilisez un entoilage épais à coudre ou thermocollant si votre doublure peut résister à une haute température.

VOUS AUREZ BESOIN
du même matériel que pour la doublure simple
et d'entoilage épais

1 Pressez toutes les pièces tricotées en vous assurant que les bords sont droits et que les coins sont alignés. Les pièces que vous avez faites en double devraient être de la même taille.

2 Mesurez la longueur et la largeur du devant. Tracez un rectangle sur le papier en utilisant ces mesures.

3 Étalez le devant sur le papier dans le rectangle correspondant au long côté et aux bords de côté. Tracez soigneusement autour du bord courbé.

4 Ajoutez une réserve de couture de ⅞ po (1,5 cm) à tous les côtés.

5 Coupez votre modèle en papier.

6 Répétez l'étape 2 pour chacune des autres pièces, en ajoutant des réserves de couture.

7 Pliez votre doublure en deux, épinglez le modèle dessus et coupez autour de chaque pièce du modèle en taillant à travers les deux épaisseurs du tissu.

8 Utilisez le modèle du devant pour couper deux pièces d'entoilage épais. Si vous utilisez de l'entoilage thermocollant, omettez les réserves de couture.

9 Collez ou cousez l'entoilage sur le devant et le dos.

10 Faites la doublure comme vous l'avez faite pour les pièces tricotées.

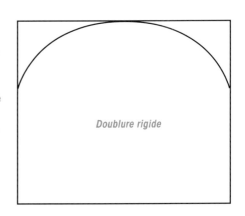

Doublure rigide

SACS FOULÉS

La plupart des sacs foulés n'auront pas besoin de doublure ; le tissu sera devenu plus épais et tous les brins d'intarsia ou de *Fair Isle* auront été fusionnés dans le tissu. Si vous voulez doubler votre sac, le foulage devra avoir été fait avant, donc vous ne pouvez pas tracer autour des pièces. Vous devriez donc mettre le sac à plat en pressant les pièces de côté. Mesurez la largeur totale et la longueur du devant. Utilisez ces mesures pour faire le modèle, comme pour la doublure simple.

Ajouter des fermetures à glissière

Les fermetures à glissière sont une excellente façon de fermer des bords longs ou courbés qui pourraient bâiller autrement. J'ai utilisé des fermetures à glissière pour fermer les sacs *Regardez, sans les mains !* et *Mains libres* (pages 50-55), le sac *Renversé* (pages 56-59) et le sac *Feuilles d'automne* (pages 42-45). Le sac à main *Au temps des marguerites* (pages 90-92) possède aussi une fermeture à glissière.

ACHETER DES FERMETURES À GLISSIÈRE

Les fermetures à glissière peuvent avoir des dents métalliques ou de nylon. Les métalliques ont tendance à être plus grosses et plus épaisses que celles de nylon ; utilisez donc celles-ci pour des tissus plus épais, comme pour le sac Renversé. Pour ce sac, j'ai utilisé deux fermetures à glissière métalliques spécifiquement conçues pour des jeans de denim. Les fermetures à glissière de nylon sont disponibles dans une gamme plus large de couleurs et sont plus flexibles que les métalliques. Elles sont par conséquent plus appropriées pour des bords courbés, comme pour ceux des sacs *Regardez, sans les mains !* et *Mains libres* (pages 50-55) et le sac *Feuilles d'automne* (pages 42-45).

Les fermetures à glissière sont disponibles en longueurs standard ; si vous ne pouvez pas en trouver une de la longueur désirée, achetez-en alors une plus longue. J'ai eu du mal à trouver une fermeture à glissière assez petite pour le sac à main Au temps des marguerites ; j'en ai donc acheté une de 6 po (15 cm). Vous pouvez facilement raccourcir des fermetures à glissière en faisant quelques solides points de couture autour des dents de la fermeture à glissière de la longueur désirée. Ces points assurent que les dents tiendront ensemble et vous pouvez alors tailler le surplus.

Essayez d'assortir la couleur de votre fermeture à glissière au fil que vous avez utilisé. Si vous ne pouvez pas trouver la couleur exacte, optez pour un ton plus foncé. Vous pourriez également inclure la fermeture à glissière comme faisant partie du motif du sac ; choisissez une grosse fermeture à glissière de couleur vive et ajoutez des perles assorties à la tirette.

COUDRE LA FERMETURE À GLISSIÈRE

Cousez toujours votre fermeture à glissière à la main ; n'utilisez jamais une machine à coudre, car cela étirera le tissu tricoté. Mesurez l'ouverture et la fermeture à glissière soigneusement et assurez-vous qu'elles sont toutes les deux de la même taille. Ne tendez jamais le tricot pour adapter une fermeture à glissière trop longue ou ne le resserrez pas pour adapter une fermeture à glissière trop courte. Celle-ci ne serait jamais parfaitement à plat et serait difficile à ouvrir et à fermer.

1 Divisez la bordure tricotée de la fermeture à glissière, le panneau ou le bord supérieur du sac en quatre sections, et marquez-les avec des épingles. Faites de même avec la fermeture à glissière.
2 Épinglez soigneusement en place un côté de la fermeture à glissière en suivant les marques des épingles et en faisant correspondre le bord du tissu tricoté au bord des dents.
3 Avec un fil contrastant, fixez la fermeture à glissière en place. Répétez les étapes 1 à 3 encore pour l'autre côté du sac et de la fermeture à glissière.

À l'aide d'un fil à coudre résistant et d'une aiguille pointue, commencez à coudre la fermeture à glissière au sac, en utilisant un petit point avant régulier. Rentrez toute extrémité de tissu pouvant nuire à l'ouverture.

AUTRES TYPES DE FERMOIRS
Boutons

La façon la plus facile de fermer un sac est d'ajouter une boutonnière et un bouton. Les boutons sont aussi une merveilleuse façon d'embellir votre sac. Choisissez un grand bouton à la mode comme sur le sac *Boutons et Boucles* (pages 82-85) ou un bouton de jeans avec un fil de denim. J'ai utilisé des boutons métalliques pour le sac *Regardez, sans les mains !* (pages 50-53) pour assortir avec le kaki militaire, mais des boutons d'un chaud rose pour le sac à main *Mains libres* (pages 54-55). Le bouton diamanté sur le modèle *C'est dans le sac* (pages 26-27) ajoute une touche inattendue et le sac *Improvisé* (pages 32-35) a des boutons d'habit pour poursuivre le même thème. Il y a tant de styles disponibles qu'il est facile d'harmoniser la couleur, le matériel ou le thème au reste du sac.

Boutonnières

Vous pouvez faire une boucle avec du ruban, comme je l'ai fait pour le sac *Improvisé* (pages 32-35), utilisez des cordons ou de la corde, ou faites un court cordon torsadé à partir du fil utilisé pour le sac. Tricotez une corde comme celle du sac *La vie en rose* (page 25). Une boucle couverte au point de boutonnière a été réalisée sur le sac *Rapiécé* (pages 28-31).

Pour faire cette boucle, marquez la position de votre boutonnière sur le dos du sac. Épinglez le bouton en place sur le devant. Enfilez une aiguille et attachez le fil à l'envers du dos juste au-dessous du bord supérieur, vis-à-vis la position du bouton. Faites une boucle à la taille désirée en travaillant lâchement autour du bouton placé sur le devant ; portez ensuite le fil au dos et attachez-le. Rapportez l'aiguille au début pour faire une boucle double. Travaillez avec le point de boutonnière (page 120) sur la boucle, la recouvrant d'un bout à l'autre.

Broches et perles

Utilisez une broche au lieu d'un bouton. Cherchez-en des vieilles qui ont perdu leur tige et recyclez-les ! Une grosse perle pourrait également servir d'attache ; et pourquoi pas une perle de verre faite à la main ou une autre en bois sculpté ?

Poignées

Vous pouvez changer les poignées de tous les projets de ce livre. La plupart d'entre eux ont des poignées tricotées ; certaines sont achetées toutes faites. Peut-être voudrez-vous transformer un sac à main en sac à bandoulière ou vice-versa. Éventuellement, vous pourriez désirer changer pour une poignée plus élégante ou plus légère. Les longueurs peuvent varier selon le goût des gens ; vous pouvez aimer une bandoulière courte tandis que quelqu'un d'autre les aimera plus longues. C'est pourquoi je suggère toujours d'essayer votre sac pour ajuster la longueur des bandoulières ou des poignées.

POIGNÉES TRICOTÉES

Celles-ci sont faciles à retoucher. Vous pouvez tricoter une longueur supplémentaire pour une bandoulière, tricoter moins de mailles pour une poignée plus mince et plus légère ou y enfiler un cordon ou un ruban pour la renforcer. Des instructions plus détaillées sur la façon de travailler les variations ci-dessous peuvent être trouvées en suivant les références individuelles des sacs.

Poignées confectionnées au point mousse

J'ai utilisé celles-là pour le sac *Rapiécé* (pages 28-31) et pour le sac *Au temps des marguerites* (pages 90-92) ; c'est une façon vraiment simple d'ajouter une poignée différente. Vous devez monter assez de points pour la longueur de la poignée que vous désirez ; travaillez selon la jauge sur l'étiquette de la pelote du fil que vous avez choisi. Tricotez trois ou quatre rangs et rabattez. Tricoter la poignée en largeur plutôt qu'en longueur empêche le point mousse de trop s'étirer. Si vous voulez utiliser le point mousse pour une bandoulière, montez des points pour la largeur que vous désirez et tricotez chaque rang jusqu'à ce que votre bandoulière soit assez longue. Rappelez-vous que le point mousse s'étirera ; tirez-le donc quand vous le mesurerez. Il est préférable de tricoter la poignée plus courte que la longueur désirée.

Poignées confectionnées au point jersey

Celles-ci sont plus stables que les poignées au point mousse ; elles ne s'étirent pas autant. Celles à double épaisseur conviennent mieux aux plus grands sacs ou à ceux avec plus de structure. Je les ai utilisées pour le sac *Franges et volants* (pages 64-67). Tricotez-les en largeur pour les sacs à main. Utilisez la jauge sur l'étiquette de la pelote du fil que vous avez choisi pour décider du nombre de mailles à monter. Tricotez-la deux fois la largeur souhaitée, pliez-la en deux et joignez à l'aide de points coulés le bord monté au bord rabattu. Pressez fermement pour qu'elle soit bien à plat.

Pour le sac *La vie en rose* (page 67) et sur les sacs *Simplement Chic* (pages 20-27), j'ai utilisé une seule épaisseur pour la poignée. Elle s'enroule de façon à former un tube et est idéale pour les sacs qui utilisent un fil délicat. Pour des poignées ou des bandoulières plus longues, comme celles sur le sac *Messager rapide* (pages 86-89) et sur le sac *Feuilles d'automne* (pages 42-45), montez la largeur requise et travaillez en point jersey. Faites-en deux pareilles et cousez-les ensemble de chaque côté. Cela signifie que vous pouvez aussi enfiler du fil-ruban ou un ruban de toile à travers la poignée pour la renforcer.

Poignées tubulaires avec cordon tricoté

Celles-ci sont utilisées sur plusieurs projets incluant le sac *Danse carrée* (pages 68-71), le sac *Boutons et boucles* (pages 82-85) et le sac *Renversé* (pages 56-59) — voir la page 121 pour les instructions. J'ajoute toujours un bout plat à ces poignées pour les rendre plus faciles à coudre. Elles sont en fait des tubes de tricot travaillés sur des aiguilles double-pointe. Enfilez un épais cordonnet à travers les poignées pour les rendre plus résistantes et pour arrondir le tube. Lorsque vous le ferez, vous remarquerez une petite échelle montant dans le tube. Je le ferme en utilisant un crochet, pour « tricoter » les brins libres ; ceci resserre aussi le tricot autour du cordon.

Poignées à cordon torsadé

Les cordons torsadés (voir page 121) sont parfaits pour de petits items tels que les Sacs à cordon à ouverture rapide (appelés *Tire vite* en page 72) (pages 72 -77). Plus vous utiliserez de brins, plus le cordon sera gros ; utilisez-en donc quatre, cinq ou six pour faire une bandoulière.

POIGNÉES ACHETÉES

Plusieurs des sacs ont été finis avec une poignée achetée toute faite. Les poignées achetées sont disponibles dans une vaste gamme de styles et de matériaux et sont une façon rapide et facile de changer le style d'un sac.

Poignées en forme de D ou courbées

Plusieurs poignées courbées ont des fentes aux extrémités pour faire des points à travers. Le sac *Improvisé* (pages 32-35) dispose d'une paire de poignées courbées en plastique clair qui sont attachées à l'aide de ruban. Elles pourraient tout aussi bien être cousues à l'aide de fil et de points roulés. Ces types de poignées pourraient aussi avoir des anneaux métalliques aux extrémités pour attacher au sac.

Anneaux

Le sac *Fleurs fantastiques* (pages 78-81) est tricoté en longueur pour y joindre les anneaux de bambou. Pour les ajouter à un sac avec un dessus droit, tricotez deux longueurs de 5 po (12,5 cm) de point mousse de 10 points de large. Cousez un bout de chacune au centre du dos et du devant du sac, enfilez à travers les anneaux et cousez l'autre bout.

Autres formes

Vous pouvez également vous procurer des poignées carrées ou ovales, en plastique, en bambou ou en bois, en imitation d'écailles de tortue ou dans des couleurs et motifs vifs.

Cadres métalliques

Le sac *Fair Isle* Couleurs classiques (pages 94-97) est cousu à un cadre sophistiqué qui a une poignée formée d'une chaîne de boucles. Vous pourriez aussi faire un cordon torsadé comme je l'ai fait. Les cadres sont disponibles en plusieurs largeurs ; regardez la largeur interne plutôt que la largeur du cadre entier puisque c'est la partie dans laquelle vous coudrez votre tissu tricoté qui importe. Le cadre a une rangée de trous autour de son bord dans quels coudre. Des cadres plus simples, des cadres avec des poignées intégrales et d'autres avec des attaches ornées d'argent ou d'or donneront une apparence ancienne à votre sac, tandis que des styles plus modernes en nickel sombre ou en cuivre sont une fantastique façon d'ajouter un finition professionnelle à votre sac.

Poignées perlées

Des perles de cristal ajouteraient de l'éclat à un sac du soir, tandis que des perles en bois compléteraient l'apparence naturelle du lin ou du chanvre. Pour faire vos propres poignées, coupez deux longueurs de fil d'artisanat à la mesure désirée. Enroulez une extrémité pour empêcher les perles de tomber. Enfilez vos perles par l'autre extrémité. Enroulez l'autre extrémité également pour garder les perles enfilées. Joignez au sac avec du fil en cousant à travers les boucles, ou à l'aide d'un mince ruban enfilé dans les boucles.

Poignées en tissu

Il y a une vaste gamme de rubans, cordons, retailles et bandes de revêtements disponibles dans divers matériaux et largeurs. Utilisez des rubans pour des sacs plus petits tels que le sac *Demoiselle d'honneur* (page 24) et des toiles ou rubans plus forts pour des sacs plus robustes comme le sac *Vachement original !* (pages 60-63). Recherchez les modèles originaux de retailles de revêtement — certains ont des franges ou de la dentelle épaisse faite de fils torsadés de couleur or ou argent qui feraient des poignées amusantes.

Garnitures

Il y a beaucoup de façons d'ajouter une garniture à votre travail. De simples points de broderie ajouteront une touche personnelle à votre sac tricoté. Utilisez la broderie comme petit détail sur une poche ou un rabat, ou recouvrez le sac avec un motif plus complexe. Les cordons, glands et pompons sont aussi des façons rapides et faciles d'embellir votre propre création.

TRICOTEZ PARFAITEMENT

Utilisez des fils à broder, des laines à tapisserie ou du fil à tricoter ; cela devrait être semblable ou légèrement plus épais que le fil tricoté. Assurez-vous que les fils sont grand teint et ne rétréciront pas lorsqu'ils seront lavés. Faites un échantillon brodé et lavez-le si vous n'êtes pas certaine.

Utilisez une aiguille à tapisserie droite à gros chas. Tricotez lâchement les points de broderie ; ne tirez pas trop fermement ou le tissu tricoté froncera. Pour commencer la broderie, tissez le bout du fil à travers quelques points tricotés sur l'arrière du tissu, en repassant le fil à travers dans l'autre sens pour bien l'attacher ; si vous commencez par un nœud, il peut se défaire à la longue.

BRODERIE

J'ai utilisé le point arrière pour ajouter les tiges et les spirales sur le sac *Fleurs fantastiques* (pages 78-81) et le point de bouclette sur le petit sac à main *Au temps des Marguerites* (pages 90-92). Le reprisage suisse est une bonne façon d'ajouter de la couleur et du motif au point de jersey simple ou travailler des motifs *Fair Isle* ; c'est la méthode que j'ai utilisée pour le sac *Transformation rétro* (pages 98-99) au lieu de tricoter le modèle selon la technique *Fair Isle*.

POINT ARRIÈRE

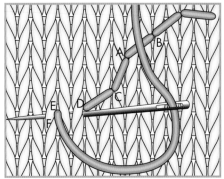

Le point arrière forme une ligne continue qui peut être utilisée pour le traçage, pour les tiges ou pour ajouter des détails. Pour commencer, piquer l'aiguille vers le haut à A. En un seul mouvement, piquez l'aiguille vers le bas à B, et vers le haut à C. Piquez-la vers le bas à A, et vers le haut à D, vers le bas à C et vers le haut à E, vers le bas à D et vers le haut à F.

REPRISAGE SUISSE

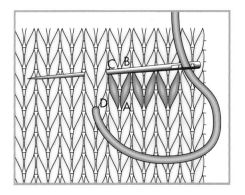

Ce point (aussi connu comme le point double) paraît avoir été tricoté dans le tissu ; il suit la ligne du fil pour la maille endroit sur le côté droit du point de jersey. Il est utilisé pour broder des petites sections de couleur, comme un motif qui serait fastidieux à tricoter, ou vous pouvez l'utiliser pour dissimuler n'importe quelle couleur que vous n'aimez pas dans un modèle rayé. Utilisez la même grosseur de fil utilisée pour le tricot. Faites attention de bien insérer l'aiguille entre les brins et ne pas diviser les points tricotés. Les points apparaîtront légèrement surélevés sur la surface du tricot.

POINT DE BOUCLETTE

Ce point est formé de points de chaînette individuels travaillés autour d'un centre pour créer les pétales d'une fleur. Les boucles sont attachées avec un petit point. Sortez l'aiguille à A. En un seul mouvement, piquez l'aiguille vers le bas au même endroit et ressortez-la à B, en formant des boucles de fil sous le bout de l'aiguille. Repiquez l'aiguille vers le bas à B, travaillant par-dessus la boucle, et ressortez-la à A pour le point suivant.

Points horizontaux

Travaillez de droite à gauche en ressortant l'aiguille au bas de la maille (A). En un seul mouvement, prenez le fil autour du haut de la maille en piquant l'aiguille vers le bas à B et vers le haut à C. En un mouvement, piquez l'aiguille vers le bas au bas de la maille (A) et vers le haut au bas de la prochaine maille (D). Continuez à travers tout le rang.

Point verticaux

Travaillez de bas en haut, sortant l'aiguille au bas de la maille (A). Prenez le fil autour du haut de la maille (B et C) et ressortez-le au bas de la maille (A). Cette fois, piquez l'aiguille à la base de la maille au-dessus et continuez en haut de la ligne de mailles tricotées.

POINT BOUTONNIÈRE

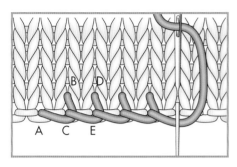

Vous pouvez l'utiliser comme une bordure décorative le long d'un article tricoté ou pour renforcer une boutonnière. Souvent utilisé pour parfaire des bords indisciplinés, ce point peut être travaillé de gauche à droite ou de droite à gauche. Sortez l'aiguille à A. D'un seul mouvement, portez le à B et remontez à C, en faisant une boucle dans le fil sous le bout de l'aiguille. Le point suivant est travaillé vers la droite, vers le bas à D et vers le haut à E. Les fils horizontaux devraient être couchés sur le bord du tissu.

CORDON TORSADÉ

Des brins de fil torsadés ensemble formeront un cordon. Plus vous utilisez de brins, plus le cordon sera gros. Coupez des longueurs de fil trois fois la longueur désirée et les attachez-les ensemble avec un nœud à chaque extrémité. Accrochez une extrémité à une poignée de porte ou à un crochet et, en tenant l'autre extrémité nouée, reculez pour que les brins soient tendus. Insérez un crayon dans le bout et tournez-le pour tordre les brins. Gardez les brins tendus pendant que vous tournez jusqu'à ce que le cordon commence à plier et se rouler en torsade. Tout en gardant le cordon tendu, enlevez l'extrémité de la poignée de la porte et rassemblez les deux extrémités nouées. Le cordon s'enroulera sur lui-même. Demandez à quelqu'un de tenir le milieu ou accrochez un poids à un crochet sur le milieu du cordon pour le tenir tendu pendant qu'il s'enroule. De petits pompons peuvent être formés à n'importe quel bout en nouant les brins, en coupant la boucle du bout et ensuite en dénouant les nœuds de l'autre bout. Un cordon texturé est créé en combinant différents fils ou différentes couleurs.

CORDON TUBULAIRE TRICOTÉ

Ce long tube, parfois appelé cordelette (ou i-cord en anglais), est tricoté sur deux aiguilles double-pointe. Montez quatre mailles et tricotez un rang endroit. Ne tournez pas le tricot, mais faites plutôt glisser les mailles sur l'autre extrémité de l'aiguille. Échangez l'aiguille droite avec l'aiguille gauche, repassez le fil et tricotez les quatre mailles de nouveau. Répétez pour chaque rang. En tirant le fil vers le haut à la fin du rang, les bords du tricot se joignent et un tube est ainsi formé. Montez trois mailles pour une cordelette plus fine et cinq mailles pour une plus grosse cordelette. Un cordon peut être enfilé à travers le cordon tricoté pour rendre les poignées du sac plus résistantes.

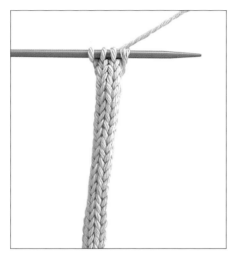

AUTRES GARNITURES

Pompons

Ceux-ci sont parfaits pour finir les bouts d'un cordon. Vous pourriez en faire plusieurs et les coudre en ligne autour du haut d'un sac pour un bord duveteux.

Coupez deux disques dans du carton raide. Ils devraient être de même diamètre que celui du pompon fini. Coupez un trou dans le centre de chacun — environ la moitié de la dimension des disques. Coupez par le bord extérieur du carton pour arriver au cercle intérieur. Placez les disques ensemble et commencez à enrouler le fil autour d'eux jusqu'à ce que le trou dans le centre soit rempli. Coupez soigneusement à travers les boucles de fil, en suivant le bord extérieur tout autour du disque, en faisant attention pour ne pas laisser des brins de fil s'échapper. Tirez une longueur de fil entre les deux pièces de carton, serrez-le autour du cœur du pompon et faites un nœud solide. Retirez les disques cartonnés. Tapotez le pompon, taillez quelques bouts de fil qui dépassent, mais laissez les deux extrémités de fil pour coudre le pompon sur votre article tricoté.

Cordon tressé

Coupez un nombre (multiple de trois) de brins de fil deux fois la longueur de votre cordon tressé. Attachez les extrémités ensemble à un bout. Divisez les brins en trois mèches. Formez le cordon tressé en passant la mèche droite par-dessus la mèche du centre, et ensuite sous la mèche gauche. Passez la mèche droite par-dessus celle du centre, puis sous celle de gauche, en serrant le tissage pendant que vous travaillez. Répétez jusqu'à ce que la corde soit de la bonne longueur. Attachez un petit nœud dans le bout pour empêcher le cordon tressé de s'effilocher et coupez les extrémités du gland.

Glands

Enroulez le fil lâchement autour d'un morceau de carton de la longueur nécessaire pour créer le gland. Enfilez une bonne longueur de fil sous les brins en haut, pliez en deux et attachez avec un nœud serré, en laissant deux longs bouts. Coupez les brins enveloppés dans le bas et enlevez le carton. Enfilez un long bout sur une aiguille à tapisserie, insérez-la à travers le haut du gland et faites-la ressortir 1 po (2,5 cm) en-dessous. Enroulez le fil plusieurs fois autour du gland. Passez l'aiguille à travers le milieu des brins enveloppés pour garantir le long bout ; insérez ensuite l'aiguille de nouveau par le haut du gland. Utilisez les longs bouts pour coudre en place. Coupez soigneusement le dessous du gland pour obtenir un bord droit.

Dépannage

Même la tricoteuse la plus accomplie fait des erreurs et se heurte à des obstacles, donc ne soyez pas découragée si votre ouvrage tourne mal de temps en temps. Ces techniques vous montrent la façon facile de rectifier vos erreurs et d'aller de l'avant.

MAILLES ÉCHAPPÉES

Une maille échappée est une maille qui est tombée de votre aiguille et s'est démaillée quelques rangs plus bas en créant une échelle. Plus vous vous apercevrez tôt que vous avez laissé tomber une maille, plus ce sera facile de rectifier l'erreur. Prenez l'habitude de vérifier votre tricot à tous les deux ou trois rangs.

Maille endroit tombée un rang en-dessous

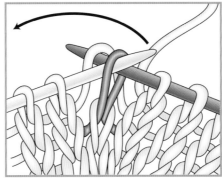

Insérez l'aiguille droite à travers le devant de la maille tombée et relevez ensuite le brin de fil derrière cette maille. Avec le bout de l'aiguille gauche, passez la maille par-dessus le brin, puis hors de l'aiguille.

Maille envers tombée un rang en-dessous

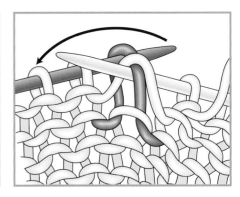

Insérez l'aiguille droite à travers le dos de la maille tombée et relevez ensuite le brin de fil devant cette maille. Avec l'aiguille gauche, passez la maille par-dessus le brin, puis hors de l'aiguille.

Maille tombée plusieurs rangs plus bas

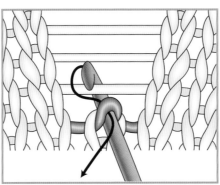

Trouvez la maille tombée — ce sera une boucle à la base d'une échelle de brins de fil. Insérez un crochet à travers le devant de la boucle de la maille tombée, attrapez le fil immédiatement au-dessus de cette maille et tirez à travers la maille. Répétez pour tous les brins de l'échelle jusqu'à ce que vous atteigniez le haut de celle-ci. Remettre la maille sur l'aiguille gauche.

Pour relever une maille envers tombée, travaillez comme pour une maille endroit, mais tournez votre ouvrage pour que vous puissiez travailler sur l'envers du tissu. Si plus d'une maille sont tombées, passez les autres sur une épingle de sûreté pour les arrêter tandis que vous les relevez une à une. Si vous laissez tomber une maille et que vous ne le remarquez pas avant d'avoir tricoté beaucoup, l'échelle se sera fermée dans le haut et il n'y aura aucun brin de fil à relever avec le crochet. Malheureusement, la seule solution est de défaire votre tricot jusqu'à la maille tombée. Si vous essayez de la relever en volant le fil des mailles voisines, cela créera une section de mailles plus serrées et gâchera votre tricot.

DÉFAIRE UN RANG

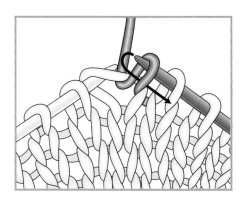

Si vous avez fait une erreur dans les mailles que vous venez de travailler sur l'aiguille droite, par exemple dans un motif de point, ou si vous avez tricoté endroit alors que vous deviez tricoter envers, vous n'avez pas besoin de sortir l'ouvrage hors de l'aiguille pour défaire jusqu'à cette maille. Vous pouvez juste défaire, maille par maille, jusqu'à votre erreur. Insérez l'aiguille gauche dans la maille du dessous à partir du devant ; laissez tomber la maille hors de l'aiguille droite et tirez le fil. Répétez ceci pour chaque maille jusqu'à ce que vous atteigniez l'erreur. Travaillez de la même façon pour les mailles envers.

DÉFAIRE PLUSIEURS RANGS

Si vous devez défaire plusieurs rangs, glissez soigneusement les aiguilles hors des mailles, rassemblez le travail d'une seule main et défaites chaque rang jusqu'au rang au-dessus de l'erreur. Ne vous laissez pas tenter de mettre votre ouvrage à plat pour le faire, car vous allez probablement tirer trop fort sur les mailles et finir par en défaire plus long que voulu. Remettez les mailles sur l'aiguille et défaites ensuite le dernier rang soigneusement, tel que montré ci-dessus. En procédant ainsi, vous avez plus de contrôle sur le rang final et il est moins probable que vous laissiez tomber ou que vous manquiez une maille. Si vous constatez qu'après avoir défait les mailles, votre aiguille n'est pas dans le bon sens, glissez les mailles à l'envers sur une autre aiguille pour que vous soyez prête à tricoter. Si vous avez une bonne aiguille double-pointe ou une aiguille circulaire, vous pouvez l'utiliser et être ensuite capable de travailler directement d'un bout ou l'autre de celle-ci.

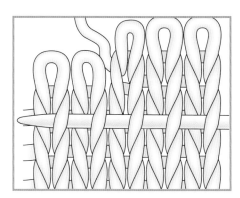

Si vous utilisez un fil glissant ou un autre qui ne se défait pas facilement, comme un fil poilu, ou si vous avez peur de laisser tomber des mailles pendant que vous défaites un rang, vous pouvez relever des mailles dans le rang sous l'erreur et ensuite défaire votre tricot en sachant que vos mailles sont protégées sur une aiguille. Prenez une aiguille de rechange plus petite que celle utilisée pour le tricot et passez-la à travers la première boucle et par-dessus la deuxième boucle de chaque maille sur le rang au-dessous de l'erreur. Reprenez alors l'ouvrage à ces mailles. Assurez-vous de mettre de côté la plus petite aiguille. Prenez celle de la bonne taille pour continuer à tricoter.

Si vous travaillez une torsade ou un modèle de point, vous devriez relever le rang le plus près de l'erreur, là où il n'y a pas trop de motifs et où vous pouvez voir clairement les mailles.

FIL SÉPARÉ

Vous pouvez facilement diviser un brin de fil si vous travaillez trop vite ou si vous utilisez un mélange de fils à plusieurs brins, il est facile d'en manquer un en travaillant. Vous devriez retourner et le retravailler correctement, puisque cette erreur paraîtrait sur votre tissu. Utilisez une des méthodes de démaillage décrites pour retourner à la demi-maille.

MAILLES INCOMPLÈTES

Les mailles incomplètes se produisent là où vous avez enroulé le fil autour de l'aiguille, mais lorsqu'il n'a pas encore été tiré à travers la vieille maille pour en former une nouvelle. Le brin de fil sera sur l'aiguille à côté de la maille non travaillée. Travaillez la maille correctement avec le brin de fil comme montré pour les mailles tombées.

TORSADES

Si vous avez tourné une torsade du mauvais côté et que vous l'avez remarqué seulement quelques rangs plus tard, démaillez les points de torsade seulement et retricotez en utilisant les longues boucles de fil sorties lors du démaillage. Si l'erreur se trouve plusieurs rangs en-dessous et que la torsade a été tournée encore après l'erreur, vous devrez défaire le tricot et le retricoter au complet.

MAILLES TIRÉES

Si vous accrochez une maille, qu'une boucle de fil se tire, et ce faisant, tire plusieurs mailles autour d'elle, vous devez, à l'aide d'une aiguille à tapisserie, rentrer le surplus de fil tiré à travers les mailles déformées, une à une, en commençant avec la maille la plus proche de l'accroc et de la boucle de fil.

MANQUER DE FIL

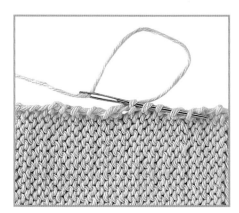

Quand vous êtes à court de fil et devez commencer une nouvelle pelote, ou que vous avez besoin de changer de couleur, commencez toujours au début d'un rang ou sur le bord d'une couture où les bouts peuvent être tissés soigneusement.

Laissez simplement tomber le vieux fil, enveloppez le nouveau autour de l'aiguille et tricotez quelques mailles. Attachez solidement les deux bouts ensemble au début du rang pour qu'aucun d'eux ne se détache et défasse vos mailles. Quand vous aurez fini votre tricot, défaites le nœud et tissez-en un bout vers le bord supérieur pour environ deux pouces et retissez ensuite par-dessus quelques mailles pour bien attacher le bout. Assurez-vous que vous ne l'avez pas tiré trop fermement

et ainsi déformé le bord. Tissez l'autre bout vers le bord inférieur en utilisant la même méthode.

Si vous arrivez à la fin d'une pelote, pour voir si vous avez assez de fil pour tricoter encore un rang, déposez le tricot à plat et mesurez le fil quatre fois sa largeur. Ce sera suffisant pour tricoter un rang de point jersey ; les tissus texturés et torsadés auront besoin de plus de fil. Lorsque vous avez un doute, joignez une nouvelle pelote de fil pour éviter d'être à court de fil au milieu du rang et de devoir ainsi défaire des mailles.

Fils utilisés

Les fils spécifiques utilisés pour les projets de ce livre sont énumérés ci-dessous, au cas où vous voudriez recréer les projets exactement comme nous les avons faits. Les manufacturiers de fils cessent fréquemment la production de certaines couleurs ou de fils et les remplacent par de nouveaux fils. Il est donc possible que quelques-uns des fils énumérés ci-dessous ne soient plus disponibles. Cependant, en vous référant aux descriptions de fils dans les pages de projet, vous ne devriez pas avoir d'ennui à trouver un substitut.

FILS DE SUBSTITUTION

Pour calculer combien de fil de substitution vous avez besoin, suivez ces étapes simples. Utilisez cette méthode pour chaque couleur ou fil utilisé dans le projet.

1 Le nombre de pelotes du fil recommandé x le nombre de verges/mètres par pelote = A
2 Le nombre de verges/mètres par pelote du fil de substitution = B
3 A ÷ B = nombre de pelotes de fil de substitution.

Page 20 *Sacs Simplement chic*

Juste pour vous !

2 pelotes de fil 100 % polyester Sirdar Foxy x 1¾ oz (50 g), 44 vg / 40 m par pelote), couleur 435

Toutes les garnitures

A 1 pelote de fil x 1¾ oz (50 g), (93 % acrylique / 7 % nylon — 147 vg / 135 m par pelote), Sirdar Sildy Look DK, couleur 964

B 1 pelote de fil x 1¾ oz (50 g), (100 % nylon — 127 vg / 116 m par pelote), Louisa Harding Fauve, couleur 12

Demoiselle d'honneur

A 1 pelote de fil x 1¾ oz (50 g), (50 % laine / 50 % coton — 123 vg /113 m par pelote), Rowan Laine Coton, couleur 900

B 1 pelote de fil x ⅞ oz (25 g), (100 % nylon — 63 vg / 58 m par pelote), GGH Velour, couleur 01

C 1 pelote de fil x 1¾ oz (50 g), (44 % coton / 43 % acrylique / 13 % polyester — 136 vg / 125 m par pelote), GGH Domino, couleur 18

D 1 pelote de fil DK x 1¾ oz (50 g), (65 % mohair / 31 % acrylique / 4 % polyester métallique — 174 vg / 190 m par pelote), Jaeger Odessa, couleur 160

La vie en rose

A 2 pelotes de fil x 1¾ oz (50 g), (60 % coton / 40 % acrylique — 98 vg / 90 m par pelote), Rowan All Seasons Coton, couleur 214

B 1 pelote de fil x 1¾ oz (50 g), (70 % soie / 30 % coton — 118 vg / 108 m par pelote), Rowan Summer Tweed, couleur 522

C'est dans le sac

A 1 pelote de fil tweel moyen (irlandais) x 3½ oz (100 g), (100 % laine — 175 vg /160 m par pelote), Rowan Yorkshire Tweed Aran, couleur 411

B 1 pelote de fil super fin x ⅞ oz (25 g), (70 % mohair / 30 % soie — 229 vg / 210 m par pelote), Rowan Kidsoie Haze, couleur 582

Page 28 *Personnalisez-le !*

A 1 pelote de fil x 1¾ oz (50 g), (40 % soie / 35 % coton / 25 % polyamide — 218 vg / 200 m par pelote), Jaeger Trinity DK, couleur 432

B 1 pelote de fil x ⅞ oz (25 g), (70 % mohair / 30 % soie — 229 vg / 210 m par pelote), Rowan Kidsoie Haze, couleur 606

C 1 pelote de fil x 1¾ oz (50 g), (100 % coton — 115 vg / 106 m par pelote), Jaeger Aqua Coton, couleur 322

D 1 pelote de fil x 1¾ oz (50 g), (80 % coton / 20 % angora — 98 vg / 90 m par pelote), Debbie Bliss coton angora, couleur 15509

E 2 pelotes de fil x 1¾ oz (50 g), (80 % alpaga / 20 % soie — 114 vg / 105 m par pelote), Debbie Bliss alpaca soie DK, couleur 26006

Page 32 *Improvisé*

A 2 pelotes de fil x 1¾ oz (50 g), (57 % laine mérinos / 33 % microfibre / 10 % cachemire — 142 vg / 130 m par pelote), Rowan Cashsoft DK, couleur 518

B 2 pelotes de fil x ⅞ oz (25 g), (80 % viscose / 20 % polyester métallique — 218 vg / 200 m par pelote), Twilley's Goldfingering, couleur WG5

Corsage rose

Restants de fil de laine rouge foncé (A) et vert foncé (B), léger (DK)

Page 36 *Élégants convertibles*

Sac à dos Retour

4 pelotes de fil x 1¾ oz (50 g), (40 % laine / 30 % mohair / 20 % soie /10 % nylon — 95 vg / 87 m par écheveau), Noro Blossom, couleur 17

Sac à bandoulière *Vie secrète*

A 4 pelotes de fil x 1¾ oz (50 g), (60 % laine / 30 % microfibre / 10 % cachemire — 76 vg / 70 m par pelote), Debbie Bliss cashmerino astrakhan, couleur 004

B 3 pelotes de fil x 1¾ oz (50 g), (100 % laine — 131 vg / 120 m par pelote), Jaeger Matchmaker DK, couleur 728

Page 42 *Feuilles d'automne*

A 2 pelotes de fil x 1¾ oz (50 g), (100 % laine — 123 vg / 113 m par pelote), Rowan Scottish Tweed DK, couleur 15

B 6 écheveaux x 8 m de laine à tapisserie DMC (100 % laine), couleurs 7922, 7947, 7740, 7125, 7946, 7214

Page 46 *Jolie dentelle*

Petite douceur d'été

1 pelote de fil 4 brins x 3½ oz (100 g), (100 % coton — 370 vg / 338 m par pelote), Sirdar Pure, couleur 21

Jolie en violet

3 pelotes de fil de tweed 4 brins x ⅞ oz (25 g), (100 % laine — 120 vg /110 m par pelote), Rowan Scottish, couleur 16

Page 50 *Sacs pour ceinture*

Regardez, sans les mains !

3 pelotes de fil x 1¾ oz (50 g), (63 % viscose / 22 % nylon /15 % angora — 137 vg / 125 m par pelote), Jaeger Roma, couleur 6

Sac à main Mains libres

3 pelotes de fil de soie/alpaga DK x 1¾ oz (50 g), (80 %

alpaga / 20 % soie — 114 vg / 105 m par pelote), Debbie Bliss, couleur 006

Page 56 *Renversé*

A 4 pelotes de fil irlandais x 1¾ oz (50 g), (100 % coton — 74 vg / 68 m par pelote), Debbie Bliss Coton Denim Aran, couleur 502

B 1 pelote de fil x 1¾ oz (50 g), (100 % coton mercerisé — 115 vg / 106 m par pelote), Jaeger Aqua, couleur 332

Page 60 *Vachement original !*

3 pelotes de fil x 1¾ oz (50 g), (60% laine / 30% microfibres / 10% cachemire — 76 vg / 70 m par pelote), Debbie Bliss Cashmerino Astrakhan, de chacune des couleur 03 (A) et 01 (B)

Page 64 *Franges et volants*
Franges et volants

A 2 pelotes de fil de coton DK x 1¾ oz (50 g), (60 % coton / 40 % acrylique — 98 vg / 905 m par pelote), Rowan All Seasons, couleur 175

B 2 pelotes de fil de coton DK x 1¾ oz (50 g), (100 % coton — 93 vg / 85 m par pelote), Rowan Handknit, couleur 215

Tout en rose

2 pelotes de fil de tweed DK x 1¾ oz (50 g), (65 % laine d'agneau mérinos / 35 % alpaga — 197 vg / 180 m par pelote), Jaeger Luxury, couleur 827

Page 68 *Danse carrée*

5 pelotes de fil x 1¾ oz (50 g), (100 % laine — 109 vg / 100 m par pelote), Noro Kureyon, couleur 170

Page 72 *Sacs à cordon*
Reine des neiges

A 1 pelote de fil x 1¾ oz (50 g), (100 % polyester — 98 vg / 90 m par pelote), Sirdar Funky Fur, couleur 512

B 1 pelote de fil x 1¾ oz (50 g), (100 % coton — 104 vg / 95 m par pelote), Sirdar Luxury Soft Coton DK, couleur 652

C 1 pelote de fil x 1¾ oz (50 g), (100 % nylon — 140 vg / 128 m par pelote), Sirdar Snuggly Bubbly DK, couleur 190

D 1 pelote x 1¾ oz (50 g), (93 % acrylique / 7 % nylon — 147 vg / 135 m par pelote), Sirdar Soiey Look DK, couleur 911

Chatoiement printanier

A 1 pelote de fil x 1¾ oz (50 g), (100 % polyester — 98 vg / 90 m par pelote), Sirdar Funky Fur, couleur 513

B 1 pelote de fil x 1¾ oz (50 g), (50 % laine / 30 % polyamide / 20 % coton — 164 vg / 150 m par pelote), Rowan Soft Baby DK, couleur 07

C 1 pelote de fil x 1¾ oz (50 g), (100 % nylon — 109 vg / 100 m par pelote), Sirdar Dune DK, couleur 453

D 1 pelote de fil x 1¾ oz (50 g), (58 % acrylique / 42 % nylon — 137 vg / 125 m par pelote), Sirdar Snuggly Chatterbox DK, couleur 339

Tons estivaux

A 1 pelote de fil x ⅞ oz (25 g), (70 % mohair / 25 % nylon / 5 % laine — 150 vg /137 m par pelote), GGH soft kid, couleur 55

B 1 pelote de fil de coton DK x 1¾ oz (50 g), (100 % coton — 115 vg / 106 m par pelote), Jaeger Aqua, couleur 309

C 1 pelote de fil x 1¾ oz (50 g), (60 % laine / 30 % microfibre / 10 % cachemire — 76 vg / 70 m par pelote), Debbie Bliss Cashmerino Astrakhan, couleur 16

D 1 pelote de fil x 1¾ oz (50 g), (61 % coton / 39 % acrylique — 137 vg / 125 m par pelote), Patons Coral DK, couleur 1015

Automne fantastique

A 1 pelote de fil x 1¾ oz (50 g), (100 % polyester — 102 vg / 93 m par pelote), Sirdar Boa, couleur 33

B 1 pelote de fil x 1¾ oz (50 g), (100 % alpaga — 131 vg / 120 m par pelote), Artesano Alpaca Inca Cloud, couleur 71

C 1 pelote de fil de coton DK x 1¾ oz (50 g), (100 % coton — 115 vg / 106 m par pelote), Jaeger Aqua, couleur 321 et 1 pelote de fil x 3½ oz (100 g), (65 % rayonne / 35 % nylon — 400 vg / 366 m par pelote), South West Trading Melody, couleur 516

D 1 pelote de fil de tweed feutré DK x 1¾ oz (50g), (50 % laine / 25 % alpaga / 25 % viscose — 191 vg / 175 m par pelote), Rowan, couleur 155 et 1 pelote de fil x ⅞ oz (25 g), (80 % viscose / 20 % polyester — 104 vg / 95 m par pelote), Rowan Lurex Shimmer, couleur 331

Le cœur sur la manche

A 1 pelote de fil x 1¾ oz (50 g), (63 % laine / 37 % nylon — 120 vg / 110 m par pelote), GGH Aldente, couleur 2

B 1 pelote de fil x ⅞ oz (25 g), (70 % mohair / 25 % nylon / 5 % laine — 104 vg / 95 m par pelote), GGH Soft Kid, couleur 32

Page 78 *Fleurs fantastiques*

A 3 pelotes de fil de coton DK x 1¾ oz (50 g), (100 % coton — 93 vg / 85 m par pelote), Rowan Handknit, couleur 313

B 1 pelote de fil de coton DK x 1¾ oz (50 g), (100 % coton — 93 vg / 85 m par pelote), Rowan Handknit, couleur 319

C 1 pelote de fil de coton DK x 1¾ oz (50 g), (100 % coton — 93 vg / 85 m par pelote), Rowan Handknit, couleur 219

Page 82 *Boutons et boucles*

3 pelotes de fil Mérinos extra fin DK x 1¾ oz (50 g), (100 % laine — 137 vg / 125 m par pelote), Jaeger, couleur 937

Page 86 *Messager rapide*

7 pelote de fil x 1¾ oz (50 g), (70 % soie / 30 % coton — 118 vg /108 m par pelote), Rowan Summer Tweed, couleur 529

Page 90 sacs *Bouquet*
Au temps des marguerites

A 1 pelote de fil x 1¾ oz (50 g), (100 % coton — 125 vg / 115 m par pelote), Rowan Coton Glace, couleur 814

B 1 pelote de fil x 1¾ oz (50 g), (100 % coton — 125 vg / 115 m par pelote), Rowan Coton Glace, couleur 726

Sac à main Pétales de rose

A 1 pelote de fil de pure soie x 1¾ oz (50 g), (100 % soie — 136 vg / 125 m par pelote), Debbie Bliss, couleur 27005

B 1 pelote de fil de pure soie x 1¾ oz (50 g), (100 % soie — 136 vg / 125 m par pelote), Debbie Bliss, couleur 27004

Page 94 *Fabuleux Fair Isle*
Couleurs classiques

A 1 pelote de fil x 1¾ oz (50 g), (76 % acrylique / 24 % fibres métalliques — 126 vg / 115 m par pelote), Patons Spritz Aran, couleur 002

B 1 pelote de fil de coton DK x 1¾ oz (50 g), (100 % coton — 115 vg / 106 m par pelote), Jaeger, couleur 320

C 1 pelote de fil x 1¾ oz (50 g), (100 % coton — 104 vg / 95 m par pelote), Sirdar Luxury Soft Coton DK, couleur 650

D 1 pelote de fil x 1¾ oz (50 g), (50 % coton / 45 % viscose / 5 % soie — 104 vg / 95 m par pelote), RCY Luxury Coton DK, couleur 253

E 1 pelote de fil x 1¾ oz (50 g), (50 % coton / 45 % viscose / 5 % soie — 104 vg / 95 m par pelote), RCY Luxury Coton DK, couleur 255

Transformation rétro

A 1 pelote de fil x ⅞ oz (25 g), (80 % viscose / 20 % polyester métallique — 218 vg / 200 m par pelote), Twilley's Goldfingering, couleur WG2

B 1 pelote de fil x 1¾ oz (50 g), (100 % coton — 93 vg / 85 m par pelote), Rowan Handknit Coton DK, couleur 215

C 1 pelote de fil x 1¾ oz (50 g), (70 % soie / 30 % coton — 118 vg / 108 m par pelote), Rowan Summer Tweed, couleur 503

D 1 pelote de fil x 1¾ oz (50 g), (100 % coton — 125 vg / 115 m par pelote), Rowan Coton Glace, couleur 820

E 1 pelote de fil x 1¾ oz (50 g), (100 % coton — 92 vg / 84 m par pelote), Debbie Bliss Coton DK, couleur 042

Fournisseurs

Vous pouvez contacter les fabricants en passant par votre commerçant local ou visitez leurs sites Web pour des informations de vente par Internet.

Phildar-Pingouin (Laines)

132, boulevard Jacques-Bizard

L'île-Bizard, QC, H9C 2T9

Téléphone : 1 888 249-7559

Courriel :
service@dgbcanada.com

Site Internet :
dgbcanada.com

Bruneau A Canada Inc (fabricant et grossiste)

338, rue Saint-Antoine Est
Montréal,
C, H2Y 1A3

Téléphone : 514 871-9821

Courriel :
m.bruneau@importation-abruneau.com

Site Internet :
importation-abruneau.com

Coats et Clark Canada

Montréal, QC

Téléphone : 514 723-1633

Site Internet :
coatsandclark.com

Fils Diamond du Canada Ltée

9697 St Laurent

Montréal, QC, H3L 2N1

Téléphone : 514 388-6188

Courriel :
diamond@diamondyarn.com

Site Internet :
diamondyarn.com

Au sujet de l'auteure

Claire Crompton travaille dans l'industrie du tricot depuis presque 20 ans. Après avoir obtenu un diplôme en Conception de Tricot, elle est devenue modéliste pour d'importants fabricants de fil comme Sirdar et DMC et elle est l'auteure de La Bible de la tricoteuse et La Bible de la tricoteuse : Accessoires tricotés. Elle habite à Gunnislake, Cornwall. Pour plus d'informations, visitez son site Web au www.clairecrompton.co.uk.

remerciements

J'aimerais remercier Sue Morgan chez Viridian (getknitted.com) pour avoir fourni les fils GGH, ainsi que DMC Creative World Ltd pour les laines à tapisserie. Merci également à Lorna Yabsley pour les magnifiques photographies ainsi qu'aux mannequins. Chez David & Charles, mes remerciements vont à Cheryl Brown, à Jennifer Fox-Proverbs, à Bethany Dymond et à Prudence Rogers pour la création de ce livre. Enfin, merci à Nicola Hodgson pour cette autre édition.

index